영작과 번역의 기술을 배우는 팝송 영어 4

저자 유현철

Copyright 2018. Henry Yoo, 유현철
Printed in 2018 by Music Thyme Company

지은이 유현철
펴낸 곳 음악의 향기
컴퓨터 인쇄 및 제본 광명인쇄
초판 2013년 9월 10일
재판 2019년 1월 19일

등록일 2018년 8월 1일
등록번호 제 2018-000096
주소 ; 서울 영등포구 당산동1가 41-3 제2건물 3층
대표전화 0502-111-2020
e-mail   ; popjazzpiano@hanmail.net

ISBN   97889-94182148-14740
         97889-94182063(세트)
         값 **15,000**원

글쓴이의 말

영어는 이제 선택의 외국어가 아니라 필수의 언어가 되고 있다. 대학 입시를 위한 중고생이나 취업을 준비하는 대학생만이 필요로 하는 것이 아니다. 회사를 다니는 직장인이나 자영업자 심지어는 주부들까지도 영어가 필요한 시대이다. 오랫동안 영어를 공부하고 영어를 사용하면서 영어를 배우는 데 보다 효율적이고 효과적인 방법이 있지 않을까 늘 고민하고 많은 생각을 하게 되었다. 그러다가 왜 우리는 10년이 넘게 영어 공부를 하고서도 미국의 7살 어린 아이보다 영어를 못하는 것일까 의문을 갖게 되었고 마찬가지로 한국어를 사용하는 7살 우리나라의 어린 아이는 어떻게 언어를 익히고 구사하는 것일까에 대한 생각으로 발전되었다.

여기서 우리는 근본적인 의문에 대한 답을 생각하여야 한다. 미국의 어린아이가 과연 단어를 정확하게 알고 언어를 사용하는 것인지, 또 문법을 알고 말하는 것인지, 정확한 발음은 어떻게 알게 되는 것인지?

어른들도 단어의 뜻을 정확히 알고 말하는 것이 아니다. 어떤 상황에서 어떤 말을 사용한 경험이 지속적으로 축적되어 적용하는 것이다. 문법은 우리말을 하는 우리도 국문법을 알고 말하지는 않는다. 충분히 우리의 말을 배우고 쓰고 익히면서 나중에 문법을 알게 되고 문법은 언어의 규칙을 정리하는데 도움을 주는 것이다. 여기서 보다 효과적이고 효율적인 영어의 학습 방법을 찾게 되었다. 그리고 이 방법을 적용하여 교육을 실시한 결과 대단한 효과를 보게 되었다. 고등학교를 졸업하고 거의 평생 영어를 사용하지 않은 사람의 수준 혹은 대학을 졸업하였다고 하여도 외국인과 한마디도 대화를 하지 못하는 수준의 사람에게 이 방법을 적용하였더니 6개월도 안되어 영작을 술술 하게 되었고 영작을 정확하게 구사한 후부터 자연스럽게 독해가 해결되었으며 회화도 쉽게 해결되었다.

즉 우리가 영어를 효과적으로 배우는 가장 좋은 방법은 영작을 배우는데 초점을 맞추어야 한다는 것이다. 외국 사람의 발음을 알아듣지 못하여 회화를 못하는 것이 아니라 그보다 우선 말을 못하고 있었던 것이다. 그리고 영작을 하기 위해 영어의 규칙적인 패턴을 이용하게 되었고 영어의 말과 우리말의 차이점을 빨리 익히게 하는 방법을 찾게 되었다.

여기서 제시하는 팝송의 가사를 이용해서 영어의 규칙적인 패턴을 파악하고 문장의 뜻을 이해하며 영어와 우리말의 차이점을 파악한다면 영작이 매우 쉬워질 것이다. 책을 읽고 대화를 나누기 위해서는 언어의 구사 속도 또한 중요하다. 느린 속도로는 대화도 되지 않고 책을 이해할 수도 없기 때문이다. 그래서 속도를 위한 방법도 제시하였다.

어떤 종류의 교육이든 취학 전 아동, 초등학생, 중고교생, 성인 들은 각각 다른 교육 방법을 선택하게 된다. 교육학자들은 성숙 정도에 따라 학습 방법론이 달라야 한다고 주장한다. 그래서 대상에 따라 국가에서는 각각 다른 자격증을 부여하고 있다.
이 책도 중, 고교를 졸업한 성인들에게 적합하도록 구성하였다. 물론 고등학교 학생 정도라면 충분히 이 방법을 터득할 수 있겠지만 아직도 우리나라의 고등학교 학생들은 대학 입시 위주의 공부를 하고 있기 때문에 입시를 위한 영어 학습에는 얼마나 도움이 될지 적용 실험이 필요하다.

이 책의 방법대로 공부를 한다면 불과 1년 안에 영작을 마음대로 구사하고 책을 읽고 이해하며 회화를 할 수 있다고 확언한다. .

유현철

저자는

컴퓨터를 전공하고 데이터베이스로 석사학위를 받은 후 IT 업계에서 근무하였고 직접 컴퓨터 회사를 설립하여 많은 소프트웨어와 게임 소프트웨어를 개발하였다. 특히 음악을 기반으로 하는 게임 소프트웨어로 정통부 장관상을 비롯 많은 상을 받고 특허를 취득하였다.

십 여 년 전부터 출판사를 운영하면서 많은 책을 저술하고 있다.. 여러 종류의 음악책과 영어책을 썼으며 이런 책들은 대학이나 문화센터 등에서 교재로 활용되고 있다. 2015년에는 우리나라 최초로 영어로 재즈피아노 책을 쓰고 미국에서 판매를 개시하였다. 여러 교회 성가대, 대학, 회사에서 합창단을 지휘하고 대학 때는 '김홍철과 친구들'의 그룹에서 기타리스트로 참여하여 대중음악을 한 적도 있다. 2016년 첫 번째 소설 '재즈가 흐르는 그담에서'를 발표하면서 전업 작가의 길에 들어섰고 2018년 두 번째 소설 '음악 중매'를 발표하였다. 컴퓨터와 음악을 넘나들며 다양하고 해박한 지식을 보여주고 있다. 논리적이며 합리적인 그의 사고는 어떤 분야에서든 놀라운 통찰력으로 패턴을 찾아내고 있고 쉬운 언어와 순서로 타인을 설득한다. 그가 개발한 드럼게임기 '쿵쿵딱 드럼'은 한때 전국 오락실에서 최고의 인기를 구사하던 게임기였다. 그가 개발한 게임을 즐기다 보면 자연스럽게 드럼 연주를 배우게 되는 것처럼 글을 읽거나 그의 강의를 듣다 보면 어느새 지식과 교양을 쌓게 되는 것이 저자의 가장 큰 장점이자 특기이다.

저서로는

'갑자기 엄마가 나보다 영어를 잘해요',
'영어 의문문 12주에 끝내기',
'생활국어 영어로 말하기',
'영어회화를 하려면 빨리 말해야 한다',
'한국(일본)인에게 맞는 영문법',
'번역과 영작의 기술을 배우는 팝송영어 1, 2, 3, 4, 5'
'단문장 영작의 모든 것',
'복문장 영작의 모든 것',
영어 가정법의 모든 것
'Cool한 여성을 위한 교양음악이야기',
'실용음악피아노 반주법', '과학으로 배우는 기타 레슨'
'해설이 있는 피아노 악보집 Slow GoGo리듬편', Slow Rock리듬편',
'찬송가를 위한 바이올린과 첼로 편곡집 1, 2, 3, 4, 5(성탄 특집)
"마케팅을 알면 뭘 팔아도 성공한다"
소설 '재즈가 흐르는 그담에서'로 등단했고 '음악 중매'를 2018년에 발표하였다.
우리나라 최초로 영어로 쓴 Jazz Piano 학습을 위한 'Jazz Piano for Scientist'가 있다.
총 26권의 종이책과 24종의 전자책을 저술하였다.

목 차

1. 번역과 영작의 기술을 공부하기 전에
   1.1 왜 영어가 늘지 않는 거지?   9
   1.2 가장 효율적인 영어 공부법은 바로 영작이다   14
   1.3 이 책으로 공부하는 방법   18

2. 번역과 영작의 기술을 배우게 하는 팝송 영어
   2.1   Dream a little dream of me   27
   2.2   What am I supposed to do   45
   2.3   I just fall in love again   63
   2.4   Sugar Sugar   79
   2.5   Sealed with a kiss   95
   2.6   Sad movies   111
   2.7   Try to remember   131
   2.8   When I dream   151
   2.9   Early in the morning   169
   2.10 Release me   189
   2.11 Tennessee Waltz   207
   2.12 Over and over   221
   2.13 A little peace   241
   2.14 Oh! Carol   259
   2.15 I'd love you to want me   275
   2.16 Pledging my love   293

부록 1 동사의 16가지 시제의 예   309
부록 2 복문장을 구성하는 단문장 연결 7가지 규칙   311
부록 3 교재에 있는 모든 복문장의 구조에 대한 설명   313
부록 4 영작과 번역을 위한 양식   319

Chapter 1. 번역과 영작의 기술을 공부하기 전에

1.1 왜 영어가 늘지 않는 거지?

영어를 10년 넘게 공부하였음에도 영어가 그다지 늘지 않는 이유는 학습 방법이 잘못 되었기 때문이다. 우리의 교육 내용과 방법은 너무 문장의 해석에 집중한다. 언어는 말이 우선이고 어느 정도 말로 소통한 다음에 문장을 쓰고 읽고 의미를 파악하는 것을 배워야 하는데 우리는 거꾸로 문장을 먼저 배운다. 즉 말을 전혀 배우지 않으니 말을 못하는 것이다.

말을 한다는 것은 스스로 문장을 만들어 내는 능력을 가졌다는 뜻이다. 어린아이는 단순한 문장을, 성인은 정규 교육을 받게 되면서 점점 복잡한 문장을 만들어 낼 수 있는 능력을 갖게 된다. 그러니까 영어로 말을 하려면 영어의 문장을 만들 줄 알아야 하는 것이다. 한마디로 영작을 배우지 않으면 영어를 배운다고 할 수 없는 것이다. 미국인을 만나서 한마디도 하지 못하는 이유는 알아 듣지 못해서는 두 번째 문제이고 일단 스스로 한 문장도 만들어 내지 못하니까 말을 못하는 것이지 두려움이나 경험 부족이 아닌 것이다. 불과 몇 마디 나누고 나면 바닥 나는 영작 실력으로 대화가 지속될 수 없는 것은 너무나 당연하다.

영작을 한다는 것은 문장의 구조를 이해하고 패턴을 인식한다는 것이다. 그리고 우리와 다른 언어를 사용하는 미국인 혹은 영국인의 관습이나 개념 나아가서는 보다 영어를 잘하기 위해서는 문화나 역사, 사회적 배경까지도 알아야 그 사람들의 말의 내용을 정확히 이해할 수 있게 된다. 영어는 다른 나라의 말이다. 문화와 풍습이 틀리고 언어를 구사할 때 사용하는 단어의 개념도 우리의 단어와 정확히 일치 하지 않는다. 그러므로 영어를 공부하기 전에 무엇이 한국어와 다른지 정확히 파악하고 있고 이 것을 해결하기 위한 학습의 커리큘럼과 코스웨어(courseware)가 만들어져야 한다.

어떤 것을 배우고자 할 때 가장 중요하고 뼈대가 되는 것을 먼저 익히고 그 다음 곁가지를 배워 나가는 순이 되어야 한다. 영어에서 가장 중요한 기본과 뼈대는 문법이 아니고 어순이며 가장 많이 사용하는 단어와 숙어 그리고 영어에만 존재하는 빈번하게 사용되는 그들만의 단어나 표현들이다.

일단 영어가 우리말과 완전히 다른 점을 먼저 파악하여야 한다. 그러면 어떻게 영어를 공부하여야 효과적이고 효율적이며 기본기를 탄탄히 다지는 것인지를 알 수 있다. 언어학자, 자동 통역기,

사람의 말을 알아 듣는 인공지능 로봇 등에서 어떻게 언어가 분석되고 분류되며 어떠한 방법으로 학습의 효과를 극대화하며 자동으로 프로그램화 하는지를 알면 영어 공부에도 크게 도움이 될 것이다.

첫째, 영어의 어순은 한국어와 다르다.
 우리말은 어순이 그다지 중요하지 않다. 조사가 있기 때문에 어순이 틀려도 의미를 전달하는 데는 아무런 지장이 없다. 하지만 영어는 조사가 없기 때문에 어순이 틀려지면 의미가 달라진다. 영어라는 언어는 어순에 의해 의미가 만들어진다.

둘째, 영어에만 존재하는 것들이 있다.
 관계대명사, 관사는 완전히 영어에만 존재하며 전치사, 접속사 일부도 영어에만 존재한다. 그리고 우리에게 없는 동사가 영어에는 있고 형용사나 부사도 마찬가지 이다.
 단어의 의미도 정확히 일치 하지 않으며 속담이나 관용적인 표현 등도 영어에만 존재하는 것들이 있다.

셋째, 빨리 읽어야 대화도 하고 책도 읽는다
 영어뿐만 아니라 우리말도 빨리 말해야 대화를 할 수 있다. 느리게 말하면 상대방이 답답해서 대화에 응하지 않을 것이다. 책도 마찬가지이다. 너무 느리게 읽으면 의미 파악을 제대로 할 수 없다. 영어 시간에 선생님이 해석을 하면 문장 하나 하나는 들어 오지만 전체적으로 글의 뜻이 이해되지 않는 것과 마찬가지이다.
 소리 내어서 책을 읽어도 책의 내용을 파악할 수가 없다. 그것은 왜냐하면 근본적으로 눈의 속도보다 머리의 속도가 빠르기 때문이다. 눈의 속도와 머리의 속도가 다르면 머리는 다른 곳으로 관심을 바꾸고 만다. 즉 머리가 쉬고 있는 것을 머리는 참지 못한다. 그러니까 대화도 나누고 책도 읽고 신문도 읽으려면 최소한도의 속도를 내지 않으면 진행할 수가 없다. 그러므로 빠르게 읽고 이해하는 훈련을 쌓아야 한다. 영작을 배워야 하는 중요한 이유이다. 우리가 알고 있는 문장, 정확히 이해하고 있는 문장은 읽는 속도가 훨씬 빨리 증가한다.
 입에서 말하는 속도가 눈보다 느리기 때문에 말하면서 이미 눈은 다음 단어에 가 있을 것이고 머리는 그보다 앞서 어떻게 빨리 발음하고 말하고 하는 것까지 생각할 것이다. 그리고 이 부분은 누가 시켜서 하기가 어려운 부분이다. 그러므로 오로지 빨리 읽은 훈련을 위한 것과 빨리 이해하면서 읽는 것은 별도로 분리해서 방법을 찾아야 한다. 재미있게 할 수 있다면 금상첨화가 될 것이다. 이렇게 명확히 우리말과 다른 부분이 있다는 것을 먼저 유의하여야 한다. 즉 다른 부분을 확실하게 인식하고 구사할 수 있는 방법론이 필요한 것이다.

단어를 알고 말하는 것이 아니다.
　7살 어린 아이가 과연 단어의 정확한 의미를 알고 말하는 것일까? 어른들은 자기가 구사하는 모든 단어의 뜻을 알고 설명할 수 있을까? 한마디로 그렇지 않다. 단어를 구사하는 것이 아니라 이러한 상황에서 이러한 단어나 숙어 혹은 관용적인 표현을 사용할 줄 아는 것이다. 그래서 단어의 뜻만 열심히 외우는 것은 문장을 구사하는데 그다지 도움이 되지 않는다. 단어가 포함된 문장을 외워야 한다. 우리는 패턴 인식을 한다. 단어 하나 하나를 인식해서 의미를 파악하는 것이 아니라 문장 전체를 인식하고 이해한다. 어떤 익숙한 문장은 뒷부분을 읽지 않아도 그 뜻을 이해한다. 바로 그러한 문장들이 속담들이다.
　우리가 퀴즈 시간에 첫 몇 마디만 듣고도 단어나 속담을 맞추는 놀이를 하는 것도 패턴을 인식하기 때문이다. 인공지능 로보트를 개발할 때도 모든 단어를 기억할 수 있도록 데이터베이스에 저장하지 않는다. 그래서는 문장을 구사할 수 없으며 그렇다고 모든 문장을 기억 시킬 수도 없다. 그래서 패턴 인식이라는 방법을 통해 로보트가 스스로 학습하는 프로그램을 만든다. 즉 우리가 말하는 것은 단어의 나열이 아니라 패턴 인식을 하는 것이고 이를 통해 지금도 부단히 새로운 문장의 범위를 넓혀 가는 것이다.
　사람은 기억에 의존한다. 그러니까 기억을 하기 위해서는 반복이 필요하고 연습이 필요하다. 그리고 문장을 좀 더 잘 기억을 유지하려면 우리말과 영어를 같이 동시에 외워야 필요할 때 그 영어의 문장이 쉽게 떠오를 것이다. 보다 쉽게 문장을 외우는 방법은 뒤에서 소개한다.

""아는 것"과 "이해하는 것"은 다르다
　학교나 학원에서 단어가 포함하는 뜻 여러 가지를 열심히 외우지만 실제 회화나 문장에서는 과연 기억이 나서 사용할 수 있을까? 물론 해석을 할 때는 어느 정도 기억이 나겠지만 자기가 사용할 때는 떠오르지 않을 것이다.

　이 것이 "안다"와 "이해한다"의 차이이다. 우리가 신문을 읽을 때 사용하는 단어가 만일 5000 단어라면 글을 쓸 때 사용하는 단어는 분명 그보다 훨씬 적은 숫자일 것이다. 이해한다는 것은 완전히 자기의 것으로 소화하여 필요할 때 몸으로 말로 사용할 수 있다는 뜻이다. 예를 들면 우리가 많이 사용하는 속담이나 4字 성어의 경우 알고 있는 것은 무수히 많지만 실 생활에서 필요할 때 잘 구사하지 못하는 것을 알 수 있다. 즉 영어의 독해는 잘 하면서도 회화나 영작을 하지 못하는 것도 마찬가지의 이치이다. 그러니까 영작의 훈련을 하지 않으면 영어가 늘지 않는 것이다. 미국 7살 어린 아이의 발음이 어려워서 듣지 못하는 것은 두 번째 문제이고 자신 스스로가 말도 한마디 못하는 것이다.

영어책에서 사용하는 우리말은 우리말이 아니다

　영어책에는 문장을 이해시키기 위해 우리말의 번역을 달아 놓는다. 바로 이 것이 문제이다. 여기서 사용하는 번역의 문장은 실제로 우리가 사용하는 문장이 아닌 국적 불명의 언어이다. 글자만 한글일 뿐이지 그렇게 말하는 사람도 없고 그러한 문장을 사용한 도서는 찾아 볼 수 없다.
　예를 들어 보통 영어책에는 "나의 주머니 속에는 동전이 한 개 있습니다." 라고 되어 있다면 우리는 대화에서 이렇게 말하지 않는다. "동전은 내가 갖고 있는데" 혹은 "주머니에 동전이 있지" 라고 할 것이다.
　위의 문장으로 영작을 하라면 잘 하는데 아래의 문장으로 영작을 하라면 같은 의미임에도 불구하고 영작을 하지 못한다. 물론 두 문장이 약간 뉘앙스가 다른 것은 사실이다. 그러나 우리가 영작을 하고 대화를 나눌 때 중요한 것은 일단 기본적인 의미 전달 능력부터 갖추고 나서 뉘앙스의 미묘한 차이를 표현할 수 있도록 언어의 구사 능력을 버전업 하여야 하는 것이다. 7살 어린아이가 주머니 속에 동전이 있다는 사실을 표현하는 정도만으로 우리의 영작 혹은 영어의 구사 능력을 1차적 목표로 하는 것이 좋을 것이다.

　이렇게 우리가 사용하지 않는 말로 영어를 배우고 영작을 배우기 때문에 해석을 잘하지만 영작을 하지 못하는 것이다.
회화를 못하는 것의 반은 영작을 못하는 것이니까 결국 회화에서도 이 말을 영어로 못할 것이다.

우리가 실 생활에서 사용하는 말을 영어로 바꾸는 훈련이 필요한 것이다. 정확히 표현하면 생활 영어를 배워야 할 것이 아니라 생활 국어를 영어로 표현하는 방법을 배워야 할 것이다. 그래야 필요할 때 즉시 사용할 수 있는 것이다.
영작 훈련이 필요한 또 하나의 중요한 이유이다.

1.2 가장 효율적인 영어 공부법은 바로 영작이다

우리가 10년이 넘게 영어를 공부하였음에도 불구하고 영어가 늘지 않는 이유는 영작을 하지 않기 때문이다. 사실 영작에 거의 모든 답이 있다고 해도 과언이 아니다. 영작을 하면 독해는 저절로 해결이 되고 회화도 거의 저절로 해결될 수 있다. 빨리 속도 있게 말하는 것도 문장의 의미를 아는 것과 밀접한 관계가 있다.

그렇다면 어떻게 영작을 보다 효과적으로 공부할 것인가?
위에서 왜 우리가 영어가 쉽게 늘지 않는지를 파악하였다. 바로 그 문제점을 해결할 수 있다면 가장 효율적으로 영작을 공부하게 될 것이다.

첫째, 영어에는 순서를 나열하는 일정한 패턴이 있다.

영어에서 순서를 나열하는 패턴이 바로 1,2,3,4,5 형식이다. 이 책에서는 형식이라는 표현 대신 패턴이라는 말을 사용할 것이다. 이 것은 법이나 규칙이 아니기 때문에 패턴이라는 말이 정확하다. 또 순서를 바꾼다고 해서 말이 되지 않는 것이 아니라 문장의 의미가 달라지기 때문에 형식이라는 말보다 패턴이라는 말이 더 정확한 표현이다.
영어의 패턴은 다섯 가지가 있으며 각각은 다음과 같다.

Pattern #1   S + V
(주어 + 동사)
Pattern #2   S + V + C
(주어 + 동사 + 보어)
Pattern #3   S + V + O
(주어 + 동사 + 목적어)
Pattern #4   S + V + O + O
(주어 + 동사 + 제1 목적 + 제 2 목적)
Pattern #5   S + V + O + C

(주어 + 동사 + 목적어 + 목적어의 보어)

　이 것이 바로 영어의 단어를 나열하는 순서이다. 위에서 알 수 있듯이 가장 중요한 것은 Pattern #1부터 #5까지 **(주어 + 동사)**가 공통적으로 존재한다는 것이다.

　그러므로 (주어 + 동사)만 찾아서 나열하면 영작의 반을 해결할 수 있다. 이 부분이 어려운 이유는 한국어에서 우리는 보통 주어를 생략하고 말하는 경향이 강하기 때문이다. 그래서 처음에는 주어를 찾기 힘들다. 또 하나는 우리말의 주어라고 해서 영어의 주어와 반드시 일치하지는 않는다. 대개의 경우는 맞지만 영어식 표현에서의 주어와 우리말의 주어는 약간 다르다. 이 것은 영작을 하면서 발견해야 하는 부분이다.
　그 밖에 부사, 형용사, 전치사들이 문장의 어느 순서에 오는지를 눈 여겨 보아 그 패턴을 알 수 있다면 영작에 큰 도움이 될 것이다. 그러나 실제 상황에서 사용하려면 아는 것만으로는 부족하고 필요할 때 즉각 떠올라야 한다. 그러기 위해서는 문장을 외워야 하는데 그냥 외우는 것보다 이렇게 문장의 구조나 순서를 알면 외우는 데 크게 도움이 된다. 그래서 팝송의 가사는 문장을 외우는 데 큰 역할을 한다.

　우리가 어떤 것을 배울 때 소위 "감을 잡는 다"는 말을 곧잘 한다. 이 말은 영어에 있어 패턴을 의미하는 것이다. 어떤 구조나 형태를 파악하게 되어 스스로 무엇인가 창조할 수 있는 단계에 이르렀다는 말일 것이다. 패턴은 규칙이고 일정하게 반복되는 것이므로 영어의 패턴만 알면 일단 복잡하지 않은 패턴의 범위 내에 속하는 모든 문장을 만들어 낼 수 있을 것이다. 바로 이 부분이 영어의 가장 기초에 해당하는 부분이다.

순서와 더불어 존재하는 또 하나의 패턴이 시제이다.
　현재, 과거, 미래, 혹은 완료형 등이 문장의 내용을 시기에 따라 분류한 것이고 이러한 시제들의 표현 방법은 시기에 따라 일정한 패턴을 갖는다. 영어는 조사가 없기 때문에 동사를 시점에 맞추어 변화 시키거나 조동사를 활용한다. 조동사는 따로 문법처럼 익히는 것보다 동사와 합쳐서 익혀두는 것이 패턴 인식에 더 좋은 효과가 있으며 실제 대화에 사용할 때도 훨씬 유용하다.

둘째, 영어에만 존재하는 단어나 표현들을 익혀야 한다.

 영어에는 우리말에 존재하지 않는 관계대명사, 관사 들이 있고 전치사나, 접속사들 일부도 있다. 또는 동사나 형용사, 부사 등도 영어에만 존재하는 단어가 있으며 속담이나 사자성어처럼 영어에만 존재하는 관용적인 표현들이 있다.

 이러한 것들은 외우는 방법 밖에 없다. 그러나 이 역시 문법을 먼저 익히고 문장을 익힐 필요는 없다. 문법은 우리가 어느 정도 문장을 구성할 수 있을 때 나중에 한꺼번에 과학적인 질서와 분류를 정리해주는 것이지 문법을 처음부터 익혀서 문장을 만들어 내기는 너무 힘들다. 말을 한다는 것은 순간적으로 패턴의 문장을 입에서 뱉어 내야지 머리 속으로 생각을 해서 만들어내는 속도로는 대화는커녕 편지도 제대로 한 장 쓰기 어렵다.

 이렇게 영어에만 존재하는 표현 역시 영작을 통해서 머리 속에 확실하게 기억 시켜야 한다. 모든 영어식 표현을 다 외우고 익힐 수는 없다. 첫 번째 단계에서는 미국의 7살 어린아이 수준, 생활에 필요한 정도의 수준에 맞추어 필요한 문장 구성력을 목표로 하고 차근차근 실력을 쌓아가면 된다. 영작을 할 때 기본 패턴에 따른 영작 수준에 다다르면 이러한 영어만의 표현을 하나씩 추가하며 익히면서 자기의 것으로 만들어야 한다. 영어 일기, 영어로 메일 쓰기, 한글로 된 간단한 책이나 블로그 등을 영어로 만들어 보기 등을 통해서 지속적으로 영작을 연습하여야 필요할 때 사용할 수 있다.

셋째, 빨리 읽는 연습이 필요하다.

 느린 속도로는 대화를 나눌 수 없다. 어느 정도 말하는 속도를 낼 수 있도록 연습을 하여야 한다. 책을 읽는 것도 마찬가지이다. 너무 책을 읽는 속도가 느리면 오히려 책의 내용을 파악할 수 없다. 두뇌의 속도가 눈이나 말보다 빠르기 때문에 두뇌가 의미를 파악할 수 있는 정도의 속도에 맞추어서 읽어야 내용과 의미의 파악이 가능하다.

 너무 읽는 속도가 빠르면 내용 파악은 가능할지 모르지만 정확한 의미 파악이 되지 않는다. 그것은 우리말로 된 책을 읽을 때도 물론 마찬가지이다.

 그러므로 일단 영어의 문장이 파악이 되면 말하는 속도를 낼 수 있도록 지속적인 읽는 연습이 필요하다. 읽으면 발음도 좋아지고 빨리 읽게 되면 들리는 거도 훨씬 잘 들린다. 자기가 정확히 알고 있는 문장을 언어 대화의 속도로 읽게 되면 영어 청취력은 저절로 좋아진다. 들린다는 것은 자기가 아는 것만큼 이해하는 것이다. 아무리 영어 회화를 잘해도 모르는 단어나 문장을 알아 들을 수는 없다.

 읽는 속도를 재미 있게 증가 시기기 위해 시간의 목표를 정해 놓고 읽을 때마다 시간을 재서 향상 하고 있는 모습을 스스로 체크하면 재미도 있고 덜 지루하다. 특히 미국 영어는 무척 빠르다. 캘리포니아 중심의 서부 영어는 빠른 영어를 구사하는 것을 매력으로 알고 있을 정도이다. 빨리 영어를 말하면 빨리 말할 때 영어의 발음이 어떻게 변화되는지 느낄 수가 있다. 마치 우리말의 구개음화나 연음 법칙처럼 영어도 빨리 말하게 되면 단어가 연이어 나오면서 발음이 변화되게 되는데 말하는 속도를 높이다 보면 이러한 부분이 저절로 해결될 것이다. 그리고 당연히 말을 할 수 있다면 들리는 것도 아주 쉽게 해결된다.

1.3 이 책으로 공부하는 방법

이 책은 총 16곡의 팝송으로 구성되어 있다. 그리고 1개의 패턴마다 3곡씩이 선정되어 있으며 각각의 팝송은 한글 가사 부문, 영어 부문, 영작 부문 등 3부분으로 나뉘어져 있다.
한글 부문이 먼저 있는 것은 영작의 훈련을 쌓기 위함이다. 먼저 한글 가사의 의미를 완전히 파악하고 내용을 안 다음 팝송의 영어 문장을 보면 어떻게 영어로 표현되는지를 알기 위해 두뇌의 움직임이 활발해 질 것이다. 그렇게 우리말로 된 문장이 어떻게 영어로 표현되는 지를 아는 것은 영작의 좋은 훈련이 되며 영어 문장의 구조를 파악하는데도 좋은 훈련이 된다.

1. 한글의 문장을 영어의 순으로 바꾸는 연습

한글로 번역된 가사를 보고 영어의 주어 + 동사의 순으로 바꾸는 과정을 공부하게 된다. 이 방법을 통해 한글의 문장이 영어의 Pattern 1~5 중 어느 것에 해당하는지를 파악하게 될 것이다.
또 한가지는 우리가 사용하는 언어와 영어식 언어의 표현 방법이 어떻게 다른지를 느끼게 될 것이다. 이러한 차이는 근본적으로 주어를 생략하고 말하는 우리말의 특징과 영어에서 주로 사용되는 Be 동사의 차이에서 비롯된 것이 많다. 영어의 Be 동사는 어디까지나 동사이지만 우리말로 번역하면 "~입니다"의 조사로 바뀌는 경우가 많기 때문에 이렇게 한글을 영어의 어순과 표현으로 바꾸는 연습은 매우 중요하다.
영어의 Pattern 순으로 바꿀 때 기본 Pattern에 영향을 주지 않는 요소들 즉 부사나 형용사 등은 분리해서 기재하였으므로 이를 통하여 부사나 형용사들의 위치를 파악할 수 있게 된다. 구태여 부사니 형용사니 하는 문법적인 명칭을 알 필요는 없으며 이 과정을 통해 자연스럽게 느낄 수 있게 된다.

긴 문장도 여러 개의 문장으로 구성되어 있다

아무리 긴 문장도 자세히 들여다 보면 여러 개의 문장으로 구성되어 있고 그 중에서 가장 중요한 의미가 담긴 문장이 있다. 영어에서는 이 문장이 가장 앞에 나올 가능성이 크다. 나머지 문장들은 이 문장을 보완 설명하거나 조건을 제시하는 것이 대부분이다. 만일 그렇지 않다면 시간의 순서로 발생하는 순일 것이다.

이 때 영문법에서는 가장 기본적인 뼈대를 이루는 문장을 제외한 문장을 "절"이라고 한다.

부사나 형용사 등의 나열의 순도 자세히 살펴보면 중요한 순서일 경우가 대부분이다. 이 부분을 참고로 알고 있으면 문장의 구조를 파악하는데 도움이 되고 문장의 구조를 확실히 인지하면 훨씬 쉽게 외워진다. 이러한 훈련의 과정이 처음에는 다소 생소하고 이상하게 느껴질 수 있지만 조금만 진행을 하다 보면 금방 익숙하게 될 것이고 스스로 Pattern을 구분할 수 있을 것이다.

2. 영어의 문장을 Pattern의 순으로 바꾸는 연습

영어의 문장을 시작하기 전에 일단 영어의 팝송 가사를 읽어 본다. 가사의 하단에 목표 시간을 제시하였으므로 초시계를 이용하여 시간을 재어 보고 이 단원이 다 끝난 후 읽는 시간을 비교하여 보면 문장을 이해하고 구조를 이해하는 것이 읽는 시간을 얼마나 단축 시키는지 알 수 있을 것이다.

또 영어의 문장을 보면서 이미 알고 있는 내용이기 때문에 두뇌는 자연스럽게 영어가 어떻게 표현되는지 단어의 순서와 위치가 어떻게 전개되는지 집중될 것이다. 이렇게 일단 영어 가사 전체를 파악하고 다시 순서를 파악하는 연습의 단계로 진행한다.

한글 문장을 영어의 순으로 바꾸기만 하면 이 것을 영어로 영작하는 것은 매우 쉬워진다. 해당하는 단어로만 바꾸기만 하면 거의 90%는 완성될 것이다. 이렇게 영어의 순으로 바뀐 한글을 보면서 팝송의 가사를 보게 되면 자기가 생각한 영어의 문장과 팝송에서 사용된 문장의 차이를 알게 될 것이다. 만일 번역이 틀리지 않았다면 이 부분이 전 세계적으로 통용될 수 있는 영어 문장이 될 것이고 미국 사람에게 이해가 되지 않는다면 영어에만 존재하는 독특한 표현이 될 것이다.

영어의 가사를 보고 다시 영어의 Pattern 순으로 나열하는 연습이 필요하다. 이 과정을 통해 정확히 어순을 파악할 수 있게 된다. 그리고 명사나 동사의 앞 뒤에 오는 부사, 형용사, 전치사들을 파악할 수 있게 된다. 이 부분을 확실히 아는 것은 매우 중요하다. 영작을 할 때 자신 있게 이러한 단어의 위치를 찾아 영작을 할 수 있기 때문이다.

여러 개의 문장으로 나누어져 있는 것은 1-1, 1-2, 1-3, ….의 순으로 작성되었다. 즉 "1"의 문장에 종속되는 문장 즉 절에 해당된다. 간혹 "1"보다 "1-1"이 먼저 나오는 경우는 조건절이나 도치 등의 이유로 본문장보다 먼저 사용된 경우이다. 그 때도 문장의 뜻을 잘 이해하면 왜 본문보다 앞에서 사용되었는지 깨닫게 된다.

3. 문장의 분석

마지막 3번 '문장의 분석'에서는 팝송의 가사 중에서 영어 공부에 도움이 되는 문장을 선택하여 문장의 구조를 이해하기 위한 분석의 내용이 쓰여있다. 예를 들면 몇 개의 문장으로 구성된 문장인지 복수의 문장으로 구성된 문장은 문장과 문장 사이에 어떤 관계로 엮인 것인지 등을 분석하고 있으며 각 문장은 5개의 영어 형식 중 몇 형식인지 또 동사의 시제가 무엇인지에 대한 설명을 하였다.

이러한 문장의 분석은 정확한 문장의 번역을 위해 필요하며 정확하게 완전히 문장을 이해한다면 영어 공부에 도움이 되는 것은 물론 영작을 할 때 큰 도움이 될 것이다. 우리가 영어를 오랫동안 공부하였음에도 불구하고 영어 실력이 잘 늘지 않는 또 하나의 이유가 정확하게 배우지 않았기 때문이다. 정확하게 배워야 내 것이 될 수 있으며 공부가 되는 것이다.

한가지 알아야 할 것은 형식을 설명하기 위해 동사의 범위를 확장하여 설명하였다는 것이다. 이 점은 종래의 다른 영어 책이나 문법책에서 다룬 것과는 약간 다를 수 있음을 미리 알려 둔다. 즉 동사를 단어 하나로 국한하지 않고 (동사 + 부정의 단어 + 전치사)까지로 그 범위를 확대하였다. 이 점은 동사의 의미를 보다 정확하게 이해하기 위함이고 또 나아가서는 후에 번역을 하거나 영작을 할 때 사용성이 좋기 때문이다. 그러므로 여기서 동사의 범위는 이 책의 저자인 필자 본인의 주장임을 밝혀 둔다.

특히 'be + 과거분사'도 하나의 동사로 취급하였음을 미리 밝힌다. 보통 이러한 경우 다른 영어 책에서는 과거분사를 형용사로 취급하여 문장의 형식을 구분할 때도 P 2이라고 하였으나 본인은 이 부분을 동사 전체로 구분하였다. 'have + 과거분사'나 'be + 현재분사'도 동사의 범위에 포함하는 것처럼 동사로 구분하는 것이 더욱 합리적이고 동사에 대한 공부를 하는데도 도움이 되기 때문이다. 이 부분은 다른 책들과 주장이 다르고 이 책에서만 동사의 공부를 위해 정의한 것이므로 혼동이 없기를 바란다.

마지막 마무리 공부

　영작까지 연습이 완료되면 2가지를 추가로 보완하는 것이 좋다. 첫째, 팝송의 가사와 영작 문장의 읽기 연습을 통해 최대한 시간을 단축 시키도록 한다. 이러한 읽기의 연습은 발음이 좋아지고 자연스럽게 암기의 효과가 있을 뿐만 아니라 원어민의 발음도 쉽게 들릴게 하는데 크게 도움이 된다.

　둘째, 팝송 음악을 구해서 음악을 들으며 받아 쓰는 연습을 하면 더욱 원어민의 발음을 듣는 연습이 될 것이다. Play와 Stop 버튼을 사용해서 한 개의 문장씩 받아 쓰는 연습은 큰 효과를 보게 될 것이다. 만일 여러 가수가 부른 버전을 구할 수 있다면 각각 다른 발음의 차이를 느끼게 되기 때문에 훨씬 좋은 듣는 연습이 될 것이다.

　팝송은 아주 좋은 영어 교재이다. 대개 거의 모든 팝송은 가사에 사용하는 단어가 비교적 쉽다. 대중 가요의 가사를 어렵게 쓸 리 만무하다. 쉬운 단어로 매우 다양한 표현을 볼 수가 있다. 우리가 알고 있는 단어로도 영어만 잘 한다면 팝송에서 표현하는 정도의 영어를 충분히 구사할 수 있을 것이다. 물론 영어 가사의 표현은 매우 시적이고 간결하며 은유가 많아 그 정도의 영작 실력을 갖추는 것은 쉽지 않을 것이지만 적어도 그 정도에 준하는 문장 구성은 할 수 있을 것이다.

　우리가 영어를 배우는 1차적인 목적은 생활에 있고 대부분의 생활은 영어로 소통하는 것을 의미한다. 여행을 하고 비즈니스를 할 수 있다면 1차적인 목적은 달성된 것이다. 2차적인 목적은 책이나 신문 등을 읽고 이해하는 것이다. 더 많은 어휘력이 요구된다.

　마지막으로 영화나 TV를 보고 완전히 이해하는 것인데 이렇게 유창한 영어를 구사하기 위해선 우리말처럼 평소에 늘 미국의 신문과 미국의 TV, 영화를 보면서 생활하여야 한다. 그리고 미국의 역사, 문화, 사회적, 정치적 배경 등에 대하여 알고 있어야 가능한 일이다. 한국어를 아무리 유창하게 해도 드라마 "대장금"을 보지 않은 사람이 갑자기 드라마를 보고 이해할 수는 없는 것이다. 유창한 고급 한국어를 구사하기 위해 필요한 공부가 유창한 고급 영어에서도 동일하게 필요하다.

4. 번역의 연습

　번역을 할 때 가장 중요한 점은 정확한 번역을 하여야 한다는 것이다. 대충 번역을 해서 대략적인 느낌을 갖고 우리말로 옮기게 되면 일단 틀릴 가능성이 높고 무엇보다 영어 공부를 하는데 도움이 되지 않는다는 점이다. 정확하게 번역을 하여야 영어와 우리말의 차이를 확실하게 느끼게 되고 다음 번 번역을 할 때 실수를 방지할 수 있게 되는 것이다. 또한 정확한 번역은 결국 영작을 할 때도 도움이 된다. 그러므로 정확한 번역이 필요하다.

　이 책은 정확한 번역을 위해 아주 중요한 단계별 연습이 자연스럽게 이루어질 수 있도록 제작되었다. 팝송의 가사를 보고 단계별로 번역되어 있는 부분을 읽고 난 다음 제일 처음 순서부터 차례로 번역의 연습을 해 보는 것이다. 영어의 문장을 보고 1단계 번역인 문장의 개수를 파악하는 것 그 다음은 먼저 주어, 동사만 먼저 번역을 하는 것, 다음은 문장의 형식을 파악하는 것, 그리고 복문장의 경우 문장과 문장의 관계를 파악하고 마지막으로 완벽한 번역에 도전하는 것이다.

　처음부터 끝까지 도전하는 것보다 일단 1단계나 2단계까지 부분 번역의 훈련을 거친 후 다음 단계에 도전하면 아주 좋은 번역의 훈련이 될 것이며 나중에는 번역의 기술을 터득하게 될 것이다.

5. 영작의 연습

　영작의 방법은 번역의 반대의 과정이라고 볼 수 있다. 하지만 충분하게 번역 연습을 한 후에 도전하는 것이 좋다. 번역 훈련도 넓은 의미의 영작 훈련이기 때문이다. 번역을 많이 연습하다 보면 자연스럽게 영어 문장의 구조와 순서, 위치에 대하여 파악이 된 상태이기 때문에 영작에 큰 도움이 될 것이다.

　영작의 연습은 한글로 번역되어 있는 팝송의 가사를 보고 시작한다. 번역과 마찬가지로 우선 한글의 문장을 영어로 영작한다는 가정하에 영어문장으로 먼저 구분하는 것이다. 영어에는 우리 한글에 있는 조사가 없기 때문에 이 조사에 대한 처리가 가장 어려울 수 있다. 이러한 영작 훈련을 통해서 조사를 필요에 따라 영어로 바꾸는 경험을 하게 될 것이다.

  그 다음 단계는 문장으로 구분된 각각의 문장에서 주어, 동사를 찾는 것이다. 그리고 동사의 시제를 결정하고 몇 형식으로 표현할 것이냐를 결정하면 거의 90%단계에 이미 와 있게 된다. 영작의 과정은 주어와 동사를 찾는 훈련이라고 해도 과언이 아니다. 그리고 동사의 시제만 결정하면 문장의 50%는 완성을 하게 된다. 그리고 5형식에 맞도록 영어로 바꾸고 마지막으로 5형식을 벗어나는 단어를 그 뒤에 중요한 순서대로 나열하면 90%가 완성된다. 이 각각의 문장에 복문장을 찾아 연결만 하게 되면 완벽한 번역을 하게 된다.

  이 팝송의 단계별로 한글 가사를 영어로 바꾸는 훈련을 하면서 각각의 단계별로 있는 영어의 문장과 비교하면서 이 책을 끝까지 공부하게 되면 영작과 번역의 기술이 발전되어 있을 뿐만 아니라 매우 과학적이고 체계적인 영작과 번역의 기술을 통해 어떠한 문장의 번역이나 영작도 가능하게 될 자신감이 들게 될 것이다.

Chapter 2. 영작을 배우게 하는 팝송 영어3

2.1 Dream a little dream of me

이 곡을 들으면 얼른 생각나는 것이 아마도 영화 "프렌치 키스(French Kiss)'일 것이다. 맥라이언이 한창 풋풋하고 귀여울 때 주연으로 나온 이 영화에 이 곡이 삽입되면서 더욱 인기를 끌게 된 곡이다.

부드럽고 감미로운 멜로디와 느린 흥겨운 스윙풍의 음악은 사랑에 빠진 젊은 청춘들의 마음을 잘 표현한 아름다운 곡이다. 영화에 나오는 곡은 'The Beautiful South'가 불렀으며 나중에 Mamas & Papas가 불러서 더욱 알려졌다. 워낙 멜로디가 아름다운 곡이기 때문에 수 많은 가수가 불렀다. 원곡은 1931년 Ozzie Nelson이 발표하였다. 그러나 다양한 리메이크가 많기 때문에 각자 개성 있게 편곡되어 불리어져 어떤 곡이 더 좋다고 딱히 선택하기가 어려울 정도이다. 당시는 막 재즈가 탄생하여 본격적으로 발전하기 시작하던 때이다. 재즈는 스윙 시대를 맞이하여 본격적으로 발전되었다고 할 수 있다. 이 곡도 당시의 스윙재즈를 반영하여 경쾌하고 부드러운 스윙 재즈의 편곡이 바탕이 되었다.. 스윙재즈 시대에 가장 중요한 인물인 낫킹콜, 루이 암스트롱, 엘라 피처제럴드가 부른 버전도 있다. 특히 이 곡들은 더욱 재즈적인 요소를 잘 살린 음반이다. 'The Mamas & the Papas'가 1968년 부른 버전이 기타로 시작하면서 포크적이며 팝 적인 요소로 대중들에게 본격적으로 알려졌다고 할 수 있다. 이 곡은 스윙적인 요소가 좀 더 부드러워져 셔플 리듬에 가깝지만 편곡은 여전히 재즈의 반음계적인 음계를 잘 살리고 있다. 세계적인 성악가 조수미가 부른 버전도 있는데 워낙 풍부한 음색과 강력한 파워에서 나오는 부드러운 음악은 원곡보다 훨씬 더 아름답다. 마치 클래식 성악가가 팝이나 가요를 부르면 어떤 느낌이 날 것인가를 제대로 보여주는 것 같다. 곡에 대한 명확한 해석으로 만든 부드럽고 절제되며 아름답고 기교 없이 깔끔하게 부르는 노래는 그의 천재성을 알 수 있다. 클래식 성악가가 갖는 파워가 노래에 실려 나오는 부드러움과 여유는 대중가수가 따라서 하기가 버거운 부분이다. 엘라 피처제럴드(Ella Fitzergerald)와 루이 암스트롱(Louis Amstrong)이 함께 부른 곡은 재즈가 어떻게 발전되고 있었나를 보여준다. 중간에 보여주는 스캣(Scat – 가사 없이 흥얼거리며 멜로디를 변주하여 즉흥적으로 부르는 창법)은 그들의 천재성을 잘 느낄 수가 있다.

2.1.A 한글 부분

Dream a little dream of me

당신 위에서 밝게 빛나고 있는 별들
밤의 산들바람들은 "난 널 사랑해" 라고
속삭이는 것만 같아요.
플라타너스 나무 속에서 노래하고 있는 새들
꿈을 꾸세요 나만의 작은 꿈을….
잘 자라고 말해주고
키스해 주세요

그저 꼭 안아주고
날 그리워할 거라고 말해 주세요.
내가 외롭고 우울해 하는 동안에
내가 그렇게 될 수 밖에 없는데.

사라지고 있는 별들
난 꾸물거려요, 사랑하는 이여
여전히 당신의 키스를 간절히 원하면서
난 할까 말까 갈망하고 있어요
동틀 때까지
이런 달콤한 꿈들을 말하면서요.
햇살이 당신을 찾을 때까지
달콤한 꿈들이 당신 뒤에 있는
우리의 걱정들을 당신 뒤에 다 남겨두게 하는.
당신의 달콤한 꿈들 말이지요
그러나 당신의 끔 속에서 그 걱정들이 무엇이든
나의 작은 꿈을 꾸어보세요

2.1.A-1 영작 1단계 - 문장 찾기와 여러 개로 구분하기

1	당신 위에서 밝게 빛나고 있는 별들
2	밤의 산들바람들은 속삭이는 것만 같아요
2-1	난 널 사랑해
3	플라타너스 나무 속에서 노래하고 있는 새들
4	꿈을 꾸세요 나만의 작은 꿈을
5	잘 자라고 말해주고
5-1	키스해 주세요
6	그저 꼭 안아주고
6-1	말해 주세요
6-2	날 그리워 할 거라고
7	내가 외롭고 우울해 하는 동안에
7-1	내가 그렇게 될 수 있는
8	나만의 작은 꿈을 꾸세요
9	사라지고 있는 별들
9-1	그러나 난 꾸물거려요 여전히 당신의 키스를 몹시 원하며
10	나는 갈망하고 있어요 할까 말까 동틀 때까지
10-1	이런 달콤한 꿈들을 말하면서요
10-2	햇살이 당신을 찾을 때(비출 때)까지
10-3	우리의 걱정들을 당신 뒤에 다 남겨두게 하는 그런 당신의 달콤한 꿈들 말이지요
11	그러나 당신의 꿈 속에서 그 걱정들이 무엇이든
11-1	나의 작은 꿈을 꾸어보세요

2.1.A-2 영작 2단계 – 주어, 동사 찾기와 동사의 시제 결정하기

1	빛나고 있는 별들	현재진행
2	밤의 산들바람은 ~ 같아요	현재
3	노래하고 있는 새들	현재진행
4	꿈을 꾸세요	현재
5	말해주고	현재
5-1	키스해 주세요	현재
6	안아주고	현재
6-1	말해 주세요	현재
6-2	그리워 할 거라고	미래
7	내가 ~ 어떻게 (존재해요)	현재
7-1	내가 될 수 있는	현재
8	꿈을 꾸세요	현재
9	사라지고 있는 별들	현재진행
9-1	난 꾸물거려요	현재
10	나는 갈망하고 있어요	현재진행
10-1	말하고 있어요	현재진행
10-2	햇살이 비출 때까지(찾을 때까지)	현재
10-3	달콤한 꿈들이 뒤로 두게 해요	현재
11	그 걱정들이 (무엇)이든	현재
11-1	(당신은) 꾸어보세요	현재

2.1.A-3 영작 3단계 - 문장의 형식 결정

1	빛나고 있는 별들	P1
2	밤의 산들바람들은 속삭이고 있는 것 같아요	P3
2-1	난 널 사랑해	P3
3	노래하고 있는 새들	P1
4	꿈을 꾸세요	P3
5	말하고	P3
5-1	키스해 주세요	P3
6	안아주고	P3
6-1	(나에게) 말해 주세요	P4
6-2	날 그리워 할 거라고	P3
7	내가 외롭고 우울하고	P2
7-1	내가 그렇게 될 수 있는	P2
8	꿈을 꾸세요	P3
9	사라지고 있는 별들	P1
9-1	난 꾸물거려요	P1
10	나는 갈망하고 있어요 한없는 생각에 잠기는 것을	P3
10-1	이런 달콤한 꿈들을 말하면서	P3
10-2	햇살이 당신을 비출 때까지	P3
10-3	달콤한 꿈들이 우리의 걱정들을 뒤로 두세요	P3
11	그 걱정들이 무엇이든	P2
11-1	(당신은) 꾸어보세요	P3

2.1.A-4 영작 4단계 - 영어의 Pattern 순서로 위치 변경하기

no	S	V	C or O	O or C	P#
1	별들이	빛나는 중이에요	-밝게	-당신 위에서	1
2	밤의 산들바람들은	것만 같아요	속삭이고	-나무 속에서	3
2-1	난	사랑해	너를		3
3	새들 -플라타너스 나무 속에서	노래하고 있는			1
4	(당신은)	꿈을 꾸세요	나만의 작은 꿈을		3
5	(당신은)	말해주고	잘 자		3
5-1	-그리고 (당신은)	키스하세요	나에게		3
6	(당신은)	-꼭 안아주고	나를		3
6-1	(당신은)	말해주세요	나에게	6-2를	4
6-2	당신은	그리워할 거에요	나를		3
7	-동안에 내가	있게 (존재해요)	외롭고 우울하게		2
7-1	-만큼 내가	될 수 있어요	(그렇게)		2

8	(당신은)	꾸세요	나만의 작은 꿈을		3
9	별들이	사라지고 있어요			1
9-1	-그러나 난	꾸물거려요	-여전히 -몹시 원하며	-당신의 키스를	1
10	나는	갈망하고 있어요	생각에 잠기는 것을	-동틀 때까지	3
10-1	(나는)	-정말 말하면서	이런 -달콤한 꿈들을		3
10-2	-까지 햇살이	비출 때까지 (찾을 때까지)	당신을		3
10-3	달콤한 꿈들은 우리의 걱정들이	뒤에 남겨져요	우리의 걱정들을	-당신의 뒤에	3
11	-그러나 -당신의 꿈 속에서 그것들이	되든	무엇이든		2
11-1	(당신은)	꾸세요	나의 작은 꿈을		3

2.1.B 영어 부문

Dream a little dream of me

Stars shining bright above you,
Night breezes seem to whisper, `I love you`
Birds singing in the sycamore tree
Dream a little dream of me...

Say `night-ie night` and kiss me,
Just hold me tight and tell me you`ll miss me
While I`m alone and blue as can be,
Dream a little dream of me...

Stars fading, but I linger on, dear,
still craving your kiss
I`m longing to linger till dawn, dear,
just saying this sweet dreams
till sunbeams find you
sweet dreams that leave our worries behind you
But in your dreams whatever they be.
Dream a little dream of me

(* 읽기 목표 시간 – 40 초)

2.1.B-1 번역 1단계 - 문장 구분하기

1	Stars shining bright above you *문장이 되려면 stars are shining이라고 해야 함 　여기서는 하나의 구로 처리하였음
2	Night breezes seem to whisper
2-1	I love you
3	Birds singing in the sycamore tree *1번 문장과 마찬가지로 　Birds are singing이라고 해야 문장이 되며 　여기서는 하나의 구로 처리하였음
4	(You) Dream a little dream of me
5	(You) Say night-ie night
5-1	and kiss me
6	(You) Just hold me tight
6-1	and tell me (6-2)
6-2	you'll miss me
7	While I am alone and blue
7-1	as (I) can be
8	(You) Dream a little dream of me
9	Stars fading *1번 문장과 같이 문장이 되려면 Stars are fading이라고 해야 함.
9-1	but I linger on, dear still craving your kiss
10	I am longing to linger till dawn, dear
10-1	just (am) saying this sweet dreams
10-2	till sunbeams find you
10-3	sweet dreams that leave our worries behind you
11	But in your dreams whatever they be
11-1	(you) dream a little dream of me

2.1.B-2 번역 2단계 - 주어, 동사 찾기와 동사의 시제 파악

1	Stars shining (만일 stars are shining의 문장이라고 본다면)	현재진행
2	Night breezes seem	현재
2-1	I love	현재
3	Birds singing (만일 birds are singing의 문장이라고 본다면)	현재진행
4	(you) dream	현재
5	(You) say	현재
5-1	(you) kiss	현재
6	(You) hold	현재
6-1	(you) tell	현재
6-2	you will miss	미래
7	I can be	현재
8	(You) dream	현재
9	Stars fading (만일 stars are fading의 문장이라고 한다면)	현재진행
9-1	I linger	현재
10	I am longing	현재진행
10-1	(I am) saying	현재진행
10-2	sunbeams find	현재
10-3	that(sweet dreams) leave our worries behind	현재
11	they be	현재
11-1	(you) dream	현재

2.1.B-3 번역 3단계 - 문장의 형식 파악

1	Stars (are) shining	P1
2	Night breezes seem to whisper	P3
2-1	I love you	P3
3	Birds (are) singing	P1
4	(You) Dream a little dream of me	P3
5	(You) Say night-ie night	P3
5-1	and (you) kiss me	P3
6	(You) Just hold me tight	P3
6-1	and tell me (6-2)	P4
6-2	you will miss me	P3
7	I am alone and blue	P2
7-1	as I can be (alone and blue)	P2
8	(You) Dream a little of me	P3
9	Stars (are) fading	P3
9-1	but I linger on	P1
10	I am longing to linger	P3
10-1	just saying this sweet dreams	P3
10-2	till sunbeams find you	P3
10-3	that(sweet dreams) leave our worries behind	P3
11	whatever they be	P2
11-1	(you) dream a little dream of me	P3

2.1.B-4 번역 4단계 - 복문장의 경우 문장과 문장간의 관계 파악

2 Vo	Night breezes seem to whisper	whisper의 목적어가 2-1 문장으로 온 경우
2-1	I love you	2문장 to whisper의 목적어(목적절)
5 Pr	Say night-ie night	
5-1	and kiss me	시간의 흐름으로 5문장에 이어 나열된 문장
6 Pr- Fp44	Just hold me tight	
6-1	and tell me (6-2)	시간의 흐름으로 6문장에 이어 나열된 문장
6-2	you will miss me	6-1문장 tell의 2번째 목적어(직접 목적어)가 문장으로 온 경우. 구태여 말한다면 '직접 목적절'이라 할 수 있다.
7 It	While I am alone and blue	
7-1	as I can be (alone and blue)	7번 문장의 조건에 대한 결과의 문장
9 Pr	Stars (are) fading	
9-1	but I linger on	9번 문장에 대한 어떤 반대적인 상황을 나열하는 문장
10- Pr -Dw -At	I am longing to linger	
10-1	just saying this sweet dreams	시간의 흐름으로 10문장에 이어 나열된

		문장
10-2	till sunbeams find you	10-1의 문장을 완성시키는데 필요한 조건의 문장
10-3	sweet dreams that leave our worries behind you	'sweet dreams'를 설명하는 문장
11 Dw	whatever they be (in your dreams)	'sweet dreams'에 대한 보완 설명 (*in your dreams를 강조하기 위해 문장의 앞으로 놓았다고 볼 수도 있고 they be whatever in your dreams에서 in your dreams에서 whatever 이므로 둘 다 앞으로 가져갔다고 볼 수도 있다.
11-1	Dream a little dream of me	11번 조건에 대한 결과의 문장

- Vo (Verb object 본동사가 아닌 동사의 목적어)
  본동사가 아닌 중간에 나오는 동사(현재분사, 동명사, to-부정사)의 목적어로 온 문장
- Pr (Process형) ; 발생한 시간의 순서대로 나열한 문장
- Pr-Fp44 (Process - Five pattern 4형식 4번째 자리)
  대등한 2개의 문장으로 연결되어 있는데 뒤의 문장이 4형식 2번째 목적어 자리에 문장이 왔다. 즉 직접목적어 자리에 문장이 왔으므로 구태여 말하면 '직접목적절'이 된다.
- It(If-then형) ; 조건의 문장이 먼저 나오고 뒤에 그 결과의 문장이 나옴 Dw의 반대형
- Pr-Dw-At(Process - Do-while - Attached) ;
- Dw(Do-while) ; 결론을 먼저 말하고 뒤의 문장에서 보충적 설명하는 형태

2.1.B-5 번역 5단계 - Pattern의 순서로 분리

no	S	V	C or O	O or C	P#
1	**Stars**	*(are) shining*	bright	-above you	1
2	**Night breezes**	*seem*	to whisper (2-1)		3
2-1	*I*	*love*	you		3
3	**Birds**	*(are) singing*	-in the sycamore tree		1
4	*(You)*	**Dream**	a little dream of me		3
5	*(You)*	**Say**	night-ie night		3
5-1	-and *(you)*	*kiss*	me		3
6	*(You)*	-just **hold**	me	tight	3
6-1	-and *(you)*	*tell*	me	(6-2)	4
6-2	*you*	*will miss*	me		3
7	-While *I*	*am*	alone and blue		2
7-1	-as *(I)*	*can be*	(alone and blue)		2

8	(You)	Dream	a little dream of me		3
9	Stars	(are) fading			1
9-1	-but I	linger on,	-dear -still -carving -your kiss		1
10	I	am longing	to linger	-till dawn -dear	3
10-1	just (you)	(are) saying	this sweet dreams		3
10-2	-till sunbeams	find	You		3
10-3	-Sweet dreams (that)	leave	our worries	-behind you	3
11	But -in your dreams whatever they	be		*일종의 의문문이므로 보아 whatever가 문장의 앞에 위치한 것임	2
11-1	(you)	dream	a little dream of me		3

2.1.C. 주요 문장 분석

Just hold me tight and tell me you'll miss me.

3개의 문장으로 구성

(1) Just hold me tight
   의역 – 나를 꼭 안아 주세요
   (주어 + 동사 + 목적어 ; P3-현재)
   일종의 명령문이므로 주어 (you)가 생략된 것이다.

(2) tell me
   의역 – 말해 주세요 ~라고
   (주어 + 동사 + 제 1목적어 + 제 2목적어 ; P4-현재)

   제 2목적어가 아래의 (3)번 문장이다. 즉 단어대신 문장으로 왔기 때문에
   절이 왔다고 할 수 있고 구태여 이름을 붙이자면 제 2목적절(혹은 직접목적절)
   이라고 할 수 있다.
   원래는 me 다음에 관계대명사 'that'을 사용하여야 하나 이러한 경우 종종
   관계대명사를 생략하기도 한다.

(3) you'll miss me.
   의역 – 당신은 나를 그리워할 거에요.
   (주어 + 동사 + 목적어 ; P3-미래)

2.2 What am I supposed to do

앤마거릿(Ann Margret)은 스웨덴 출신으로 1941년 수도 스톡홀름에서 태어났지만 나중에 미국으로 이주하였다. 일찍부터 뛰어난 미모와 재능으로 주목을 끌기 시작하여 고등학교, 대학 시절 때 노래와 춤, 연기 등으로 인기를 끌고 많은 상을 받기도 한다.
 엘비스 프레스리와 함께 출연한 영화로 그와 한 때는 가까운 사이이기도 하였다.
그가 이 노래를 불러 가수로 많이 알려져 있지만 실제로는 영화에서 더 많이 활동한 배우이다. 1976년, 1984년 골든글로브 여우주연상을 받았다. 주로 그녀가 출연한 영화는 뮤지컬이며 춤추고 코믹한 대사를 하며 노래하며 망가지는 역을 주로 하였다.
 그렇지만 뛰어난 미모와 가창력으로 많은 남성 팬들로부터 사랑을 받았다.
 우리나라에서도 1960년대에 그녀가 주연한 영화들이 상영된 바가 있다.
이 노래는 그녀의 관능적이고 끈적한 목소리가 잘 담겨 있다. Slow GoGo 리듬으로 느리고 부드러운 발라드 풍의 노래지만 가창력보다는 깨끗하고 부드러운 음색으로 부르는 것이 이 노래의 분위기와 어울린다. 그 때문인지 그녀만큼 이 노래를 불러서 부른 다른 가수들이 거의 없다. 원곡이 워낙 강력한 느낌을 주는 경우
후에 리메이크하는 가수들은 부담을 갖기 마련이다.
고혹적이면서 애틋하며 때론 애교 있는 목소리로 심정을 담은 호소력 있는 내용이 노래와 노래 사이에 나레이션으로 들려 온다. 노래의 도입부도 앤마가릿의 흥얼거리는 우수에 젖은 목소리로 시작한다. 그렇지만 어쩐지 슬프게만 들리지 않은 과장한 듯한 감성적 목소리엔 애교마저 섞여있다. 나레이션에서 그녀의 음성은 가사 없이
'우~ 우~'하는 하모니적 멜로디가 배경으로 깔린다. 아름다운 멜로디와 그녀의 개성 있는 음색을 잘 살리기 위해 단촐한 악기 구성과 편곡으로 반주는 다소
단순하다는 느낌이다. 하지만 나레이션과 더불어 가사 없이 흥얼거리는 솔로의 코러스적인 화음진행 등은 꽤 새롭고 특이한 시도라고 볼 수 있다. 나레이션이 끝나고 2절에 들어서면 온음을(장2도) 올려서 조를 높여 부르는 것도 특이한 진행이다.
아름답고 감성적인 멜로디와 비교적 쉬운 코드 진행의 포크적인 곡으로 기타를 치면서 부르면 기교나 가창력 없이도 좋은 곡이다. 이 곡을 잘 살리려면 베이스를
강조하면서 연주하면 단조로움을 다소 피할 수 있다.

2.2.A 한글 부분

What am I supposed to do

내가 당신을 향해 갖는 사랑으로
난 무엇을 해야 할까요?
당신이 용서할 준비가 될 때까지
이렇게 내가 살도록 해야 하는 건가요?
내가 다시 돌아가길 당신이 바랄 때까지
난 그런 척 해야 하는 건가요?
그때까지 난 무엇을 해야 하나요?
내가 어떻게 느끼고 있는 건가요?
당신이 아직도 날 사랑한다고
내가 생각해야만 하나요?
아니면 절대로 당신이 돌아오지 않을 것처럼
행동을 내가 생각해야 하나요?
내가 당신의 친구가 된다고 생각하는 건가요?
우린 언젠가 다시 꼭 만날게 될까요?
그때까지 난 무얼 해야 할까요?
만일 우리가 언젠가 우연히 만난다면
난 무슨 말을 해야 할까요?
잠깐 이야기 한다고 생각할까요?
아니면 고개를 돌려 집으로 가야 한다고 생각할까요?
당신이 내 품에 다시 안길 때까지
이 마음아픔이 결코 끝날 수 없을 거에요.
그 때까지 난 무얼 해야 할까요?
그 때까지 난 무엇을 하게 될까요?

2.2.A-1 영작 1단계 – 문장 찾기와 여러 개로 구분하기

1	내가 무엇을 해야 할까요?
1-1	내가 당신을 향해 갖는 사랑으로
2	이렇게 내가 살도록 해야 하는 건가요?
2-1	당신이 용서할 준비가 될 때까지
3	난 그런 척해야 하는 건가요?
3-1	내가 다시 돌아가기를 당신이 바랄 때까지
4	그때까지 난 무엇을 해야 하나요?
5	내가 어떻게 느끼고 있는 거지요?
6	내가 생각해야만 하나요?
6-1	당신이 아직도 나를 사랑하고 있다고
6-2	아니면 내가 행동을 생각해야만 하나요?
6-3	마치 당신이 절대 돌아오지 않는 것처럼
7	내가 당신의 친구가 된다고 생각하는 건가요?
8	우리 언젠가 다시 꼭 만나게 될까요?
9	그때까지 난 무얼 해야 할까요?
10	난 무슨 말을 해야 할까요?
10-1	만일 우리가 언젠가 우연히 만난다면
11	잠깐 이야기 하는 것이 생각되나요?
11-1	그렇지 않으면 고개를 돌리고
11-2	집까지 걸어가는 것이
12	이 마음 아픔이 절대로 끝날 순 없어요
12-1	당신이 내 품에 다시 안길 때까지
13	그때까지 난 무얼 해야 할까요?
14	그때까지 난 무엇을 하게 될까요?

2.2.A-2 영작 2단계 - 주어, 동사 찾기와 동사의 시제 결정하기

1	내가 해야 할까요?	현재
1-1	내가 갖는	현재
2	하는 건가요?	현재
2-1	당신이 될	현재
3	난 하는 건가요?	현재
3-1	내가 바라는	현재
4	난 해야 하나요?	현재
5	내가 있는 거지요?	현재
6	내가 생각해야만 하나요?	현재
6-1	당신이 사랑하고	현재
6-2	내가 생각해야만 하나요?	현재
6-3	당신이 절대 돌아오지 않는	현재
7	내가 생각하는 건가요?	현재
8	우리 꼭 만나게 될까요?	미래
9	난 해야 할까요?	현재
10	난 해야 할까요?	현재
10-1	우리가 만난다면	현재
11	내가 생각하나요?	현재
11-1	고개를 돌리고	현재
11-2	걸어가는 것이	현재
12	이 마음 아픔이 끝날 순 없어요	현재

12-1	당신이 있을 때	현재
13	난 해야 할까요?	현재
14	난 하게 될까요?	현재

2.2.A-3 영작 3단계 - 문장의 형식 결정

1	내가 무엇을 해야 할까요?	P3
1-1	내가 갖는 사랑	P3
2	내 생각은 하도록 하는 건지요?	P3
2-1	당신이 준비가 되는	P2
3	난 그런 척해야 하는 건가요?	P3
3-1	내가 돌아오기를 당신이 바라는	P5
4	난 무엇을 해야 하나요?	P3
5	내가 어떻게 느끼고 있는 거지요?	P3
6	내가 6-1을 생각해야만 하나요?	P3
6-1	당신이 나를 사랑하고	P3
6-2	내가 행동을 생각해야만 하나요?	P3
6-3	당신이 절대 돌아오지 않는	P1
7	내가 된다고 생각하는 건가요?	P3
8	우리 꼭 만나게 될까요?	P1
9	난 무엇을 해야 할까요?	P3
10	난 무슨 말을 해야 할까요?	P3
10-1	우리가 만난다면	P1

11	내가 이야기 하는 것이 생각하나요?	P3
11-1	고개를 돌리고	P1
11-2	걸어가는 것이	P1
12	이 마음 아픔이 끝날 순 없어요	P1
12-1	당신이 있을 때	P1
13	난 무엇을 해야 할까요?	P3
14	난 무엇을 하게 될까요?	P3

2.2.A-4 영작 4단계 - 영어의 Pattern 순서로 위치 변경

no	S	V	C or O	O or C	P#
1	-무엇을 내가	할까요	해야		3
1-1	내가	갖는	사랑	-당신을 향해	3
2	나는	하는 거지요	하도록	-그 것이 -살도록	3
2-1	-까지 당신이	되는	준비가		2
3	난	하는 건가요	그런 척을		3
3-1	-까지 당신이	바라는	내가	돌아오기를	5
4	-무엇을 난	하나요	하는 것을		3
5	-어떻게 내가	하는 건가요	느끼는 것을		3
6	내가	생각해야만 하나요	6-1을		3
6-1	당신이	사랑하는	나를		3
6-2	내가	생각해야만 하나요	행동을(6-3)		3
6-3	당신이	절대 돌아오지 않는			1
7	내가	생각하는 건가요	되는 것을	-친구	3

8	우리가	만날까요	-언젠가		1
9	-무엇을 -난	할까요	해야	-그때까지	3
10	-무엇을 난	할까요	말을		3
10-1	-만일 -우연히 우리가	만난다	-언젠가		1
11	내가	생각하나요	말하는 것을	-잠시	3
11-1	-아니면 (내가)	돌리고	고개를		3
11-2	(내가)	걸어가는	-집까지		1
12	이 아픈 마음이	끝날 순 없어요			1
12-1	-까지 당신이	있을 때	-나의 품 안에	-다시	1
13	-무엇을 난	할까요	할 것을	-그때까지	3
14	-무엇을 난	할까요	-그때까지		3

2.2.B 영어 부문

What am I supposed to do

What am I supposed to do with the love
I have for you.
Am I supposed to let it live
until you are ready to forgive.
Am I supposed to pretend
till you want me back again.
What am I supposed to do till then.
How am I supposed to feel.
Should I think that you love me still.
Or am I supposed to act
just like you never come back
Honey,
Am I supposed to be your friend.
Will we ever meet again.
Darling
What I am supposed to do till then.
What I am supposed to say
if by chance we meet someday.
Am I supposed to talk a while
or turn my head and walk home by.
This heartache can never end
till you are in my arms again.
What am I supposed to do till then.
What would I do till then

(* 읽기 목표 시간 - 45 초)

2.2.B-1 번역 1단계 - 문장 구분하기

1	What am I supposed to do with the love
1-1	I have for you
2	Am I supposed to let it live
2-1	until you are ready to forgive
3	Am I supposed to pretend
3-1	till you want me back again
4	What am I supposed to do till then
5	How am I supposed to feel
6	Should I think that
6-1	you love me still
6-2	or am I supposed to act
6-3	just like you never come back
7	Am I supposed to be your friend
8	Will we ever meet again
9	What I am supposed to do till then
10	What I am supposed to say
10-1	if by chance we meet someday
11	Am I supposed to talk a while or turn my head and walk home by
12	This heartache can never end
12-1	till you are in my arms again
13	What am I supposed to do till then
14	What would I do till then

2.2.B-2 번역 2단계 - 주어, 동사 찾기와 동사의 시제 파악

1	Am I supposed	현재
1-1	I have	현재
2	Am I supposed	현재
2-1	you are	현재
3	Am I supposed	현재
3-1	you want	현재
4	Am I supposed	현재
5	Am I supposed	현재
6	Should I think	과거
6-1	you love	현재
6-2	am I supposed	현재
6-3	you come back	현재
7	Am I supposed	현재
8	Will we ever meet	미래
9	I am supposed	현재
10	I am supposed	현재
10-1	we meet	현재
11	Am I supposed	현재
12	This heartache can never end	현재
13	Am I supposed	현재
14	Would I do	과거

2.2.B-3 번역 3단계 - 문장의 형식 파악

1	Am I supposed to do	P3
1-1	I have (앞의 문장에 있는 love를 의미)	P3
2	Am I supposed to let	P3
2-1	you are ready	P2
3	Am I supposed to pretend	P3
3-1	you want me back	P5
4	Am I supposed to do	P3
5	Am I supposed to feel	P3
6	Should I think that	P3
6-1	you love me	P3
6-2	am I supposed to act	P3
6-3	you come back	P1
7	Am I supposed to be	P3
8	Will we ever meet	P1
9	I am supposed to do	P3
10	I am supposed to say	P3
10-1	we meet somebody	P3
11	Am I supposed to talk, (to)turn my head and (to) walk home by.	P3
12	This heartache can never end	P1
12-1	till you are	P1
13	Am I supposed to do	P3
14	What would I do	P3

2.2.B-4 번역 4단계 - 복문장의 경우 문장과 문장간의 관계 파악

1 At	What am I supposed to do with the love	1-1문장이 the love를 설명
1-1	I have for you	have의 목적어가 1문장의 the love. 관계대명사 that이 생략
2 Dw	Am I supposed to let it live	
2-1	until you are ready to forgive	2문장에 대한 조건문
3 Dw	Am I supposed to pretend	
3-1	till you want me back again	3문장에 대한 조건문
6 Pr(Fp33) -Vo	Should I think that	think의 목적어 문장이 6-1
6-1	you love me still	think의 목적절 문장
6-2	or am I supposed to act	6문장과 반대되는 내용의 문장
6-3	just like you never come back	6-2문장 to act의 목적어 문장
10 Dw	What I am supposed to say	
10-1	if by chance we meet someday	10문장에 대한 조건
12 Dw	This heartache can never end	
12-1	till you are in my arms again	12문장에 대한 조건

- AT(Attatched형) ; 어떤 단어를 뒤에서 설명하는 문장(관계대명사)
- Dw(Do-While형) ; 결론을 먼저 말하고 뒤의 문장에서 보충적 설명하는 형태
- Pr(Fp33)-Vo(Process – Five pattern 3th of #3 – Verb Object) ; 전체적으로 나열된 2개의 문장이 있고 앞의 문장 3형식 목적어 대신 문장이 왔고 뒤의 문장엔 본동사가 아닌 'to act'의 목적어로 문장이 왔다.

2.2.B-5 번역 5단계 - Pattern의 순서로 분리

no	S	V	C or O	O or C	P#
1	What am I	supposed	to do	-with the love	3
1-1	I	have	-for you		3
2	Am I	supposed	to let -it -live	앞의 'let'이 사역동사라서 to live에서 'to'가 생략된 것임	3
2-1	-until you	are	ready	-to forgive	2
3	Am I	supposed	to pretend		3
3-1	-till you	want	me	back -again	5
4	What am I	supposed	to do	-till then	3
5	-How am I	supposed	to feel		3
6	Should I	think	that		3
6-1	you	love	me	-still	3
6-2	-or am I	supposed	to act		3

6-3	-just like **you**	never come back			1
7	**Am I**	supposed	to be	-your friend	3
8	**Will we**	ever meet	again		1
9	**What I**	am supposed	to do	-till then	3
10	**What I**	am supposed	to say		3
10-1	-if -by chance **we**	meet	somebody		3
11	**Am I**	supposed	to talk -or (to) turn and (to) walk by	-a while my head home	3
12	**This heartache**	can never end			1
12-1	-till **you**	are	-in my arms	-again	1
13	**What am I**	supposed	to do	-till then	3
14	**What would I**	do	-till then		3

2.2.C. 문장 분석

Should I think that you love me still or am I supposed to act just like you never come back.
(주어 + 동사 + 목적어 or 주어 + 동사 + 목적어)
로 구성되었으며 앞의 문장에 목적어 대신 문장이 왔으며
뒤 문장의 목적어가 'to act'인데 이 동사가 목적어를 필요로 하는데 이 목적어에
단어 대신 문장이 온 경우이다.
의역 -> 당신이 아직도 나를 사랑한다고 생각해야만 하나요,
　　　　아니면 당신이 절대 돌아오지 않을 것 같은 행동으로
　　　　생각하고 있어야만 하나요?

4개의 문장으로 구성

(1) Should I think that

　　의역 -> 내가 생각해야만 하나요?
　　(주어 + 동사 + 목적어(목적절) ; P3)

　　think의 목적어는 that이며 that은 (2)번 문장을 의미한다.
　　이러한 경우 'that'을 '관계대명사'라고 한다.

　　(*필자는 'be +과거분사'를 하나의 동사로 취급한다. 이렇게 해야 동사를 활용하기가 좋고 5형
　　식을 이해하는데도 편안하다. 여기에 전치사가 있을 경우 전치사도 포함하여 하나의 동사로
　　취급한다. 소위 우리가 이러한 경우를 '숙어'라고 하지 않는가? 그러므로 그렇게 간주하는 것
　　이 일관성이 있고 5형식의 규칙성을 확보할 수 있어서 좋다. 사실 숙어도 넓은 의미의 동사이
　　기 때문이다.)

(2) you love me still

의역 -> 아직도 당신은 나를 사랑해요
(주어 + 동사 + 목적어 ; P3-현재형)

이 문장은 (1)문장 'that'을 설명하는 말이다. 즉 think의 목적절이다.

(3) or am I supposed to act

의역 -> 그렇지 않으면 내가 행동을 생각해야만 하나요?
(주어 + 동사 + 목적어 ; P3-현재형)

이 문장은 원래

should am I supposed to act

가 되어야 하지만 앞의 문장에서 should가 중복되므로 생략한 것이다.
여기서 'to act'는 '행동하는 것'의 뜻이므로 당연히 목적어가 필요하다. 그런데 그 목적어가 단어 대신 (4)문장으로 온 것이다.
이러한 경우를 필자가 저술한 '복문장 영작의 모든 것'에서
본동사가 아닌 동사가 타동사일 경우 이 타동사 때문에 나타나는 '목적절'이라고 하여 복문장 형태 7가지 패턴 중 6번에 해당한다. 이러한 경우의 타동사는 'to 부정사', '동명사', '현재분사' 중 하나로 나타난다.

(4) just like you never come back

의역 -> 꼭 당신이 절대로 돌아오지 않을 것 같은
(주어 + 동사 ; P1-현재)
이 문장은 앞의 (3)문장 'to act'의 목적어로 사용된 문장이다.

2.3 I just fall in love again

　　1977년 카펜터즈(Carpenters)가 발표하여 인기를 얻은 곡이지만 나중에 앤 머레이(Anne Murray)가 1979년 리메이크하여 더 히트가 되고 빌보드 차트 1위에 오르기도 하였다. 카펜터즈나 앤 머레이나 둘 다 약간 중성적인 굵고 부드러운 음색을 지녀 얼핏 들으면 비슷한 느낌이 든다. 멜로디와 가사가 워낙 아름답고 부드럽기 때문에 7080을 대표하는 발라드 곡이라고 할 수 있다. 듣기에는 편안하고 좋지만 그러나 막상 부르려고 하면 만만한 곡이 아니다. 일단 음정이 여성 영역과 남성 영역 중간쯤 되기 때문에 원곡의 조성(Key)으로 부르는 것은 쉽지 않을 것이다. 여자들은 음을 높여야 대략 조성이 맞고 남자들은 보다 낮추어야 한다. 그러니까 싱어롱 곡으로는 그다지 좋지 않다는 의미이다. 원곡의 조성으로 부르면 남자들이나 여자들 모두에게 음 높이가 맞지 않을 수가 있다.

　　음악의 리듬은 느린 **Slow GoGo** 리듬으로 일반적인 발라드와 같지만 내용이 사랑 노래임에도 불구하고 매우 종교적인 느낌을 준다. 그것은 음폭이 넓지를 않고 가창력을 필요로 하지 않는 깔끔하고 부드럽게 부르는 곡이기 때문인지 모른다. 앤 머레이의 영향일지도 모르는데 사실 앤 머레이가 부른 대부분의 곡은 기독교음악을 베이스로 하는 가스펠(Gospel)이다. 특히 그녀의 특징은 일반적인 대중적 팝송처럼 보이지만 가사를 잘 들여다 보면 사랑하는 이의 대상이 사실은 기독교의 하나님을 의미하기 때문이다. 'You needed me'도 'you'는 하나님을 의미한다. 그래서 이 노래는 금방 사랑에 빠진 연인의 마음이지만 기독교에 귀의한 사람의 마음을 표현하고 있다고 볼 수도 있다.

　　이 노래는 포크적인 요소도 갖고 있어 매우 부드럽고 잔잔하다. 포크적인 요소라는 것은 드럼의 비트가 강하지 않고 리듬성이 그다지 강조되지 않는 곡이라는 의미이다. 그런가 하면 베이스의 진행이나 반주의 편곡은 컨트리적인 요소도 많이 갖고 있다. 음악은 피아노로 부드럽게 시작하지만 바이올린의 현이 전체적인 사운드를 매우 부드럽게 이끌어 간다. 소절과 소절 사이를 피아노가 브릿지(bridge)로 채우는데 이 부분도 자연스럽고 아름답다. 그러다 어쿠스틱 기타의 음색이 약간의 비트를 추가하는 느낌을 주면서 화성을 강조한다. 이러한 점이 발라드적이면서도 컨트리적인 느낌을 주는 것이다. 가창력보다 가사를 표현하는 표현력과 감성을 담아야 하기 때문에 쉬운 듯 하면서도 앤 머레이가 부른 느낌의 맛을 내는 것이 쉽지가 않은 것이다.

2.3.A. 한글 부분

I just fall in love again

꿈을 꾸고 있는 것
난 꿈을 꾸고 있는 게 틀림없어요.
그렇지 않으면
내가 여기 당신과 누워 있는 건가요?
내 사랑이여,
당신은 나를 품에 안고 있네요.
비록 내가 완전히 깨어있지만
난 내 꿈이 이루어지고 있다는 것을 알아요,
아! 난 다시 사랑에 빠지고 말았어요.
단 한 번의 손길
그러면 그 땐 매번 그 일이 일어나요
난 그 옆으로 갑니다
난 다시 사랑에 빠지고 만 거죠.
내가 그렇게 하면
난 내 자신을
어찌해야 좋을지 모르겠어요,
당신과 사랑에 빠졌잖아요.
마술, 마술이 틀림없어요.
내가 당신을 안고 있는 그 길에
그럴 땐 밤 하늘이 날 것 같아요
당신한테 나를 별 하나로 데려가는 건 쉬워요
내가 당신의 눈 속을 들여다 보고 있을 때
천국이 그 순간이에요.

2.3.A-1 영작 1단계 – 문장 찾기와 여러 개로 구분하기

1	꿈을 꾸고 있는 것
2	난 꿈을 꾸고 있는 게 틀림없어요
3	그렇지 않으면 내가 여기 당신과 누워 있는 건가요?
4	내사랑, 당신은 나를 품에 안고 있네요.
5	비록 내가 완전히 깨어 있지만
5-1	난 알아요
5-2	내 꿈이 이루어지고 있다는 것을
6	그리고 오, 난 다시 사랑에 빠지고 말았어요
7	단 한 번의 손길, 그러면 그 땐 매번 그 일이 일어나요
8	난 그 옆으로 갑니다
9	내가 그렇게 하면
9-1	난 내 자신을 어찌해야 좋을지 모르겠어요
9-2	당신과 사랑에 빠지고만 거죠
10	마술, 마술이 틀림없어요
11	내가 당신을 안고 있는 그 길에
11-1	그럴 땐 밤 하늘이 날 것 같아요
12	당신한테 나를 별 하나로 데려가는 건 쉬워요
13	천국이 그 순간이에요
13-1	내가 당신의 눈 속을 들여다 보고 있을 때

2.3.A-2 영작 2단계 – 주어, 동사 찾기와 동사의 시제 결정하기

1	꿈을 꾸고 있는 것	문장아님
2	난 꿈을 꾸고 있는 게 틀림없어요	현재진행
3	내가 누워 있는 건가요?	현재진행
4	당신은 나를 품에 안고 있네요.	현재
5	내가 완전히 깨어 있지만	현재
5-1	난 알아요	현재
5-2	내 꿈이 이루어지고 있다는 것을	현재진행
6	난 다시 사랑에 빠지고 말았어요	현재
7	그 일이 일어나요	현재
8	난 갑니다	현재
9	내가 그렇게 하면	현재
9-1	난 내 자신을 어찌해야 좋을지 모르겠어요	현재
9-2	당신과 사랑에 빠지고만 거죠	현재
10	마술이 틀림없어요	현재
11	내가 당신을 안고 있는 그 길에	현재
11-1	그럴 땐 밤 하늘이 날 것 같아요	현재
12	쉬워요	현재
13	천국이 그 순간이에요	현재
13-1	내가 당신의 눈 속을 들여다 보고 있을 때	현재

2.3.A-3 영작 3단계 - 문장의 형식 결정

1	꿈을 꾸고 있는 것	문장아님
2	난 꿈을 꾸고 있는 게 틀림없어요	P1
3	내가 여기 당신과 누워 있는 건가요?	P1
4	당신은 나를 품에 안고 있네요.	P3
5	내가 완전히 깨어 있지만	P2
5-1	난 알아요	P3
5-2	내 꿈이 이루어지고 있다는 것을	P1
6	사랑에 빠지고 말았어요	P3
7	그 일이 일어나요	P1
8	난 갑니다	P1
9	내가 그렇게 하면	P3
9-1	난 내 자신을 어찌해야 좋을지 모르겠어요	P3
9-2	당신과 사랑에 빠지고만 거죠	P3
10	마술이 틀림없어요	P2
11	내가 당신을 안고 있는	P3
11-1	그럴 땐 밤 하늘이 날 것 같아요	P3
12	쉬워요	P2
13	천국이 그 순간이에요	P2
13-1	내가 당신의 눈 속을 들여다 보고 있을 때	P3

2.3.A-4 영작 4단계 - 영어의 Pattern 순서로 위치 변경

no	S	V	C or O	O or C	P#
1	꿈을 꾸고 있는 것				
2	난	꿈을 꾸고 있는 게 틀림 없어요			1
3	-오 내가	누워있는 건가요	여기서	당신과 함께	1
4	-내 사랑이여 당신은	안고 있어요	나를	-품 안에	3
5	-비록 내가	있어요	완전히 깨어		2
5-1	난	알아요	5-2		3
5-2	내 꿈이	이루어지고 있어요			1
6	아 난	사랑에 빠지고 말 았어요	-다시		3
7	-단 -한번의 손길 -그러면 -그 땐 그 일이	일어나요	-매번		1
8	나는	갑니다	-그 옆으로		1
8-1	(난)	사랑에 빠지고만 거죠	당신과		3

9	-때면 내가	그렇게 하면			3
9-1	난	어찌해야 좋을지 모르겠어요	내 자신을		3
9-2	(난)	사랑에 빠졌잖아요	당신과		3
10	-마술 가인칭	틀림없어요	마술이		2
11	-그길 내가	안고 있는	당신을		3
11-1	-땐 내가	그럴 땐 (그렇게 할 땐)			3
12	가인칭	입니다	쉬워요	-당신에겐 -데려가는 것이 -나를 -별 하나로	2
13	천국이	입니다	그 순간		2
13-1	-때 내가	들여다 보고 있을	당신의 눈 속을		3

2.3.B. 영어 부문

I just fall in love again

Dreaming', I must be dreaming
Or am I really lying here with you
Baby, you take me in your arms
And though I'm wide awake
I know
my dream is coming true.

And, oh, I just fall in love again
Just one touch
and then it happens every time
There I go by,
just fall in love again,
And when I do.
I can't help myself,
I fall in love with you

Magic, it must be magic
The way I hold you
when the night just seems to fly
Easy for you to take me to a star
Heaven is that moment
when I look into your eyes

(* 읽는 목표 시간 - 35 초)

2.3.B-1 번역 1단계 - 문장 구분하기

1	Dreaming
2	I must be dreaming
3	Or, am I really lying here with you
4	Baby, you take me in your arms
5	And though I am wide awake
5-1	I know
5-2	my dream is coming true
6	And, oh, I just fall in love again
7	Just one touch and then it happens every time
8	There I go by
8-1	just fall in love again
9	And when I do
9-1	I don't help myself
9-2	I fall in love with you
10	Magic, it must be magic
11	The way I hold you
11-1	when the night just seems to fly
12	Easy for you to take me to a star
13	Heaven is that moment
13-1	when I look into your eyes.

2.3.B-2 번역 2단계 - 주어, 동사 찾기와 동사의 시제 파악

1	Dreaming	문장아님
2	I must be dreaming	현재진행
3	am I really lying	현재진행
4	you take	현재
5	I am	현재
5-1	I know	현재
5-2	my dream is coming	현재진행
6	I just fall in	현재
7	Just one touch and then it happens every time	현재
8	I go by	현재
8-1	fall in	현재
9	I do	현재
9-1	I don't help	현재
9-2	I fall in	현재
10	it must be	현재
11	I hold you	현재
11-1	the night just seems	현재
12	(it is) Easy	현재
13	Heaven is	현재
13-1	I look into	현재

2.3.B-3 번역 3단계 - 문장의 형식 파악

1	Dreaming	문장 아님
2	I must be dreaming	P1
3	Am I really lying	P1
4	you take me	P3
5	I am wide awake	P2
5-1	I know	P3
5-2	my dream is coming true	P1
6	I just fall in love	P3
7	it happens	P1
8	I go by	P1
8-1	(I) fall in love	P3
9	I do	P1
9-1	I don't help myself	P3
9-2	I fall in love	P3
10	it must be magic	P2
11	I hold you	P3
11-1	the night just seems to fly	P3
12	(it is) Easy	P2
13	Heaven is that moment	P2
13-1	I look into your eyes.	P3

2.3.B-4 번역 4단계 - 복문장의 경우 문장과 문장간의 관계 파악

5 It- Fp33	And though I am wide awake	
5-1	I know	5문장 조건에 대한 결과의 문장
5-2	my dream is coming here	5-1 know 동사의 목적어로 문장이 온 경우 이러한 경우를 목적절이라고 함
8 Pr	There I go by	
8-1	(I) just fall in love again	8문장 다음에 시간의 흐름으로 오는 문장
9 It-Pr	And when I do	
9-1	I don't help myself	9문장의 조건에 따른 결과의 문장
9-2	I fall in love with you	9-1문장 다음에 시간의 흐름으로 나타나는 문장
13 Dw	Heaven is that moment	이와 같이 결과의 문장이 앞에 오고 그 조건의 문장이 오는 경우가 더 일반적이다. (*참조 – 저자의 책 '복문장 영작의 모든 것' 중 4번째 복문장 패턴)
13-1	when I look into your eyes.	13문장에 대한 조건의 문장

- It-Fp33(If-then – Five pattern 3rd of #3) ; 조건의 문장이 앞에 오고 뒤에 결과의 문장이 있는데 그 결과의 문장이 3형식이고 목적어 자리에 문장이 온 형태
- Pr(Process형) ; 발생한 시간의 순서대로 나열한 문장
- It-Pr(If-then - Process) ; 조건의 문장이 앞에 오고 뒤에 결과의 문장이 대등한 문장 2개로 연결되어 있는 형태
- Dw(Do-While형) ; 결론을 먼저 말하고 뒤의 문장에서 보충적 설명하는 형태

2.3.B-5 번역 5단계 - Pattern의 순서로 분리

no	S	V	C or O	O or C	P#
1	Dreaming!				감탄문
2	I	must be dreaming			1
3	-Or am I	-really lying	-here	-with you?	1
4	-Baby you	take	me	-in your arms	3
5	-And -though I	am	wide awake		2
5-1	I	know	5-2		3
5-2	my dream	is coming	true		1
6	-And -oh, I	-just fall in	love	-again	3
7	-Just -one touch -and -then it	happens	-every time		1
8	-there I	go	-by		1

8-1	(I)	just fall in	love	-again	3
9	-and -when I	do	(fall in love) 전체를 의미하므로		3
9-1	I	don't help	myself		3
9-2	I	fall in	love	-again	3
10	-Magic it	must be	magic		2
11	-the way I	hold	you		3
11-1	-when the night	-just seems	to fly		3
12	(it)	(is)	easy	-for you -to take -me -to a star	2
13	Heaven	is	that moment		2
13-1	-when I	look into	your eyes		3

2.3.C. 문장 분석

Heaven is that moment when I look into your eyes.
직역 -〉 천국은 그 순간이에요
　　　　내가 당신의 눈 속을 들여다 보고 있을 때
의역 -〉 내가 당신의 눈 속을 들여다 보고 있을 때
　　　　천국은 그 순간이지요

2개의 문장으로 구성

(1) Heaven is that moment
　　의역 -> 천국은 그 순간이에요
　　(주어 + 동사 + 보어 ; P2-현재형)

　　that moment는 (2)번 문장의 내용을 의미한다.

(2) when I look into your eyes.
　　의역 -> 내가 당신의 눈 속을 들여다 보고 있을 때
　　(주어 + 동사 + 목적어 ; P3-현재형)

　　보통 우리말로 할 때는 '~~하면 ~~하다' 혹은 '~~할 때 ~~하다'라고 표현하지만 영어는 '~~하다'의 표현을 먼저 하고 그에 따른 조건을 '뒤에 쓰는 것이 일반적이다. 단 'if문장'은 조건을 앞에 사용한다. 복문장에서 이러한 패턴은 일종의 중요한 문장을 먼저 표현하려는 것 때문이다. 'if문장'을 먼저 앞에 두는 것은 이 부분을 보다 더 강조하기 위해서이다.
　　영어에서는 상대방에게 의사를 전달할 때 가장 중요한 의미를 앞에서부터 차례로 두는 것이 원칙이다. 영어는 단어를 중요한 순서대로 나열하는 언어이다.

2.4 Sugar Sugar

그룹 아치스(Archies)가 1960년대 말 발표한 곡으로 당시에 빌보드 차트 1위에 오르는 등 전세계적으로 대단한 성공을 거둔 노래이다. 아치스 그룹은 리드 싱어 론단테(Ron Dante)를 중심으로 만든 그룹사운드지만 요즘으로 치면 프로젝트그룹 정도라고 할 수 있다. 고정적인 멤버가 있는 게 아니라 필요할 때마다 연주자와 싱어를 보완하고 바꾸어 유지되는 그룹사운드인데 결국 존재 자체가 없어지게 된다.

원래 TV에서 방영하던 애니메이션 시리즈 Archies에서 그 이름을 따 왔으며 그 애니메이션에서 음악을 맡았고 주로 여기의 음악을 맡아 활동하다가 'Sugar Sugar' 곡으로 명성을 얻게 된 것이다. 이러한 종류의 사운드를 당시에는 버블검Bubble Gum) 사운드라고 하였는데 젊은 청춘들이 밝고 아름답고 경쾌한 음악을 주로 그렇게 불렀다. 깜찍하고 귀여운 느낌을 주는 곡들이라고 할 수 있다.

당시에 이러한 분위기에 편승하여 우리나라에도 '버블검'이라는 남녀 혼성 듀엣이 있어 '연가', '짝사랑', '토요일 밤에' 등을 불러 경쾌하고 아름다운 멜로디의 노래를 히트 시켰다. 두 사람은 결국 결혼하고도 한동안 활동을 지속하였다. 지금은 그의 딸인 '이자람'이 명창으로 성장하여 국악계에서 이름을 떨치고 있다. '예솔아'라는 노래가 바로 아빠인 이규대씨와 이자람이 함께 부른 노래이다.

Sugar Sugar 이 곡은 대표적인 빠른 템포의 GoGo 리듬의 곡으로 한 때 고고장에서 늘 들을 수 있는 음악이었다. 소절 중간 중간 채워주는 관악기 음색의 전자음과 경쾌한 코러스도 매우 흥겹다. 드럼 외에 엇박으로 지속하는 리듬 텃치 진행이 재미있고 여기에 곁들여 박수 소리와 기타의 음색도 마치 파티장의 분위기를 연상시킨다. 후반부에 갈수록 왁자지껄한 분위기와 한데 어울려 부르는 코러스와 멜로디가 합쳐져서 더욱 흥겨운 느낌을 준다.

2.4.A. 한글 부분

Sugar Sugar

사랑하는 사람이여!
당신은 사탕처럼 달콤한 나의 여자에요.
당신은 내가 당신을 원하도록 했지요.
.사랑하는 사람이여!
당신은 사탕처럼 달콤한 나의 여자에요.
당신은 내가 당신을 원하도록 해 왔어요.

난 당신에 대한 사랑의 멋짐을
정말 믿을 수가 없어요
(이것이 진실이라는 걸 믿을 수가 없어요)
내가 이러한 느낌을 사랑하는 사람이라는 것을
믿을 수가 없어요.
(이것이 진실이라는 걸 믿을 수가 없어요).
내가 당신에게 키스 했을 때, 소녀여,
난 한 번의 키스가
얼마나 달콤할 수 있는지 알았어요.
(난 알아요 한 번의 키스가 얼마나 달콤할 수 있는지).

여름 햇살처럼
당신의 감미로움을 내게 쏟아 부어주세요
그 위에 작은 달콤함을 부어주세요
난 당신의 삶을 아주 달콤하게 만들 거에요.

2.4.A-1. 영작 1단계 – 문장 찾기와 여러 개로 구분하기

1	당신은 사탕처럼 달콤한 나의 여자에요
2	당신은 내가 당신을 원하도록 했지요
3	당신은 내가 당신을 원하도록 해 왔어요
4	난 당신에 대한 사랑의 멋짐을 정말 믿을 수가 없어요
5	난 정말 믿을 수가 없어요
5-1	이 것이 사실이에요
6	내가 이러한 느낌을 사랑하는 사람이라는 것을 믿을 수가 없어요
7	내가 당신에게 키스했을 때
7-1	난 알았어요
7-2	한 번의 키스가 얼마나 달콤할 수 있었는지
8	난 알아요
8-1	한 번의 키스가 얼마나 달콤할 수 있는지
9	여름 햇살처럼 당신의 감미로움을 내게 쏟아 부어주세요
10	그 위에 작은 달콤함을 부어주세요
11	난 당신의 삶을 아주 달콤하게 만들 거에요

2.4.A-2 영작 2단계 – 주어, 동사 찾기와 동사의 시제 결정하기

1	당신은 에요	현재
2	당신은 했지요	과거
3	당신은 해 왔어요	현재완료
4	난 믿을 수가 없어요	현재
5	난 믿을 수가 없어요	현재
5-1	이 것이 이에요	현재
6	내가 믿을 수가 없어요	현재
7	내가 키스했을 때	과거
7-1	난 알았어요	과거
7-2	한 번의 키스가 수 있었는지	과거
8	난 알아요	현재
8-1	한 번의 키스가 수 있는지	현재
9	당신의 감미로움을 쏟아 부어주세요	현재
10	부어주세요	현재
11	나는 할 거에요 (~am going to make – 직역하면 만들려고 가는 중이에요)	현재진행

2.4.A-3 영작 3단계 - 문장의 형식 결정

1	당신은 사탕처럼 달콤한 나의 여자에요	P2
2	당신은 내가 당신을 원하도록 했지요	P5
3	당신은 내가 당신을 원하도록 해 왔어요	P5
4	난 당신에 대한 사랑의 멋짐을 정말 믿을 수가 없어요	P3
5	난 정말 믿을 수가 없어요	P3
5-1	이 것이 사실이에요	P2
6	내가 이러한 느낌을 사랑하는 사람이라는 것을 믿을 수가 없어요	P3
7	내가 당신에게 키스했을 때	P3
7-1	난 알았어요	P3
7-2	한 번의 키스가 얼마나 달콤할 수 있었는지	P2
8	난 알아요	P3
8-1	한 번의 키스가 얼마나 달콤할 수 있는지	P2
9	여름 햇살처럼 당신의 감미로움을 내게 쏟아 부어주세요	P3
10	그 위에 작은 달콤함을 부어주세요	P3
11	난 당신의 삶을 아주 달콤하게 만들 거에요	P1

2.4.A-4 영작 4단계 - 영어의 Pattern 순서로 위치 변경

no	S	V	C or O	O or C	P#
1	당신은	이에요	달콤한 나의 여자		2
2	당신은	했어요	내가	원하도록 -당신을	5
3	당신은	해 왔어요	내가	원하도록 -당신을	5
4	나는	-정말 믿을 수가 없어요	사랑의 멋짐을	-당신에 대한	3
5	나는	-정말 믿을 수가 없어요	5-1		3
5-1	이 것은	이에요	사실		2
6	나는	-정말 믿을 수가 없어요	사람인 것을	-사랑하는 -이러한 느낌을	3
7	-때 내가	키스를 했을	당신에게		3
7-1	난	알았어요	7-2		3
7-2	얼마나 달콤한지 한 번의 키스가	될 수 있었는지			2
8	난	알아요	8-1		3

8-1	얼마나 달콤한지 한 번의 키스가	될 수 있는지			2
9	-여름 햇살처럼 (당신은)	쏟아 부어주세요	당신의 감미로움을		3
10	(당신은)	쏟아 부어주세요	작은 달콤함을	-그 위에	3
11	나는	할거에요 (* 영어로는 '가는 중이에요' 식으로 표현한다)	-만드는 것을	-당신의 삶을 -아주 달콤하게	1

2.4.B. 영어 부문

Sugar Sugar

Sugar, Ah, honey, honey.
You are my candy girl.
And you got me wanting you.

Honey, ah sugar sugar.
You are my candy girl.
And you've got me wanting you.

I just can't believe the loveliness of loving you.
(I just can't believe it's true)
I just can't believe the one to love this feeling to.
(I just can't believe it's true)

When I kissed you, girl, I knew how sweet a kiss could be.
(I know how sweet a kiss can be)
Like the summer sunshine pour your sweetness over me
(pour your sweetness over me)

Oh sugar, pour a little sugar on it honey.
Pour a little sugar on it baby.
I'm gonna make your life so sweet, yeah
Pour a little sugar on it oh yeah.

(* 읽기 목표 시간 - 45 초)

2.4.B-1 번역 1단계 - 문장 구분하기

1	You are my candy girl
2	You got me wanting you
3	You've got me wanting you
4	I just can't believe the loveliness of loving you
5	I just can't believe
5-1	it is true
6	I just can't believe the one to love this feeling to
7	When I kissed you
7-1	I knew
7-2	how sweet a kiss could be
8	I know
8-1	how sweet a kiss can be
9	Like the summer sunshine pour your sweetness over me
10	Pour a little sugar on it
11	I am gonna make your life so sweet

2.4.B-2 번역 2단계 - 주어, 동사 찾기와 동사의 시제 파악

1	You are	현재
2	You got	과거
3	You have got	현재완료
4	I just can't believe	현재
5	I just can't believe	현재
5-1	it is	현재
6	I just can't believe	현재
7	I kissed	과거
7-1	I knew	과거
7-2	a kiss could be	과거
8	I know	현재
8-1	a kiss can be	현재
9	(you) pour	현재
10	(you) Pour	현재
11	I am gonna(going)	현재진행

2.4.B-3 번역 3단계 - 문장의 형식 파악

1	You are my candy girl	P2
2	You got me wanting you	P5
3	You have got me wanting you	P5
4	I just can't believe the loveliness of loving you	P3
5	I just can't believe	P3
5-1	it is true	P2
6	I just can't believe the one to love this feeling to	P3
7	When I kissed you	P3
7-1	I knew	P3
7-2	how sweet a kiss could be	P2
8	I know	P3
8-1	how sweet a kiss can be	P2
9	Like the summer sunshine pour your sweetness over me	P3
10	Pour a little sugar on it	P3
11	I am gonna make your life so sweet	P1

2.4.B-4 번역 4단계 - 복문장의 경우 문장과 문장간의 관계 파악

5 Fp33	I just can't believe	believe의 목적어가 4-1문장
5-1	it is true	이 문장은 결국 4분장의 목적절
7 It- Fp33	When I kissed you	6-1문장에 대한 시간적 조건
7-1	I knew	6문장의 조건에 따른 결과
7-2	how sweet a kiss could be	6-1문장 knew의 목적어 문장 즉 knew의 목적절이 되는 것이다
8 Fp33	I know	
8-1	how sweet a kiss can be	7문장 know의 목적어 문장 즉 7문장의 목적절 문장

- Fp33(Five pattern 3rd of #3) ; 3형식 목적어에 문장이 온 형태 (목적절)
- It-Fp33(If-then – Five pattern 3rd of #3) ; 조건의 문장이 앞에 오고 뒤에 결과의 문장이 있는데 그 결과의 문장이 3형식이고 목적어 자리에 문장이 온 형태

2.4.B-5 번역 5단계 - Pattern의 순서로 분리

no	S	V	C or O	O or C	P#
1	-Sugar -honey **you**	are	my candy girl		2
2	-And **you**	got	me	wanting -you	5
2	**you**	have got	me	wanting -you	5
4	**I**	-just can't believe	the loveliness or loving you		3
5	**I**	-just can't believe			3
6	**It**	is	true		2
7	-when **I**	kissed	you		3
7-1	**I**	knew	7-2		3
7-2	*-how sweet* *a kiss*	could be			2
8	**I**	know	8-1		3
8-1	*-how sweet*				

	a kiss	*can be*			2
9	-Like the summer sunshine *(you)*	*pour*	*your sweetness* -over me		3
10	*(Your)*	*Pour*	*a little sugar*	-on it	3
11	*I*	*am going*	to make	-your life -so -sweet	1

2.4.C. 장 분석

I knew how sweet a kiss could be.
I know how sweet a kiss can be.

위 2개의 문장은 단지 시제만 다를 뿐이지 같은 구조의 문장이다.
구조는 3형식이며 목적어 자리에 단어대신 문장 즉 목적절이 온 것이다.
목적절의 구조는 의문문의 형태이다. 직역을 하면

1) 한 번의 키스가 얼마나 달콤할 수 있었는지
2) 한 번의 키스가 얼마나 달콤할 수 있는지

의 내용이 된다. 단지 묻지 않을 뿐이지 내용상 묻는 것이라고도 할 수 있다.
이렇게 형식은 의문문이 아니지만 내용상 묻는 문장을 간접의문문이라고 한다.

(1) I knew how sweet a kiss could be.
　　한 번의 키스가 얼마나 달콤할 수 있었는지 난 알았어
　　(주어 + 동사 + 목적절 ; P3-과거)

.

(2) I know how sweet a kiss can be.
　　한 번의 키스가 얼마나 달콤할 수 있는지 난 알아.
　　(주어 + 동사 + 목적절 ; P3-현재)

두 문장을 연이어 나란히 가사에 놓인 것은 과거에도 알았었고 지금도 알고 있다는 것을 강조하기 위한 것이다.

2.5 Sealed with a kiss

Peter Udell과 Gray Geld가 같이 작곡한 곡으로 1960년 The Four Voices에 의해 싱글로 발표되었지만 히트를 하지 못하였다. 그러다 1962년 Hyland의 싱글로 다시 발표되어 크게 알려지게 되고 빌보드 3위에 까지 오르게 된다. 그 후 전 유럽으로 확산되었다. 1972년 바비 빈튼(Bobby Vinton)에 의해 다시 리메이크된 싱글이 히트를 하면서 세 번째 같은 곡으로 빌보드에 오르게 된다. 바비 빈튼은 대학에서 정식으로 작곡을 전공한 뮤지션으로 이론과 실제를 겸비한 가수이다. 그의 노래 'Mr. Lonely'는 우리나라에도 잘 알려져 있고 이 곡과 더불어 많은 사랑을 받고 있다. 부드럽고 달콤한 목소리 그리고 따뜻한 느낌을 주는 호소력 있는 가창력을 갖고 있다.
'Sealed with a kiss'는 멜로디와 가사가 아름다운 매우 서정적인 노래이다. 슬픈 느낌을 간직한 음악과 그의 호소력 있는 음색이 매우 잘 어울리는 곡이다. 느린 Slow GoGo 템포의 이 음악은 전형적인 발라드 곡이라고 할 수 있다. 7080 세대가 좋아하는 대표적인 1960년대 곡 중의 하나이다. 컨트리보다는 포크로 분류되는 곡으로 팝 적인 요소가 많아 팝 포크라고도 한다. 팝은 포크 음악보다 비트가 더 강하다. 비트가 강하다는 것은 드럼의 연주가 강하고 베이스 진행이 뚜렷하고 액센트가 있다는 것이다.
이러한 노래들은 그룹 사운드가 연주를 받쳐주면서 하는 노래로도 좋고 단출하게 기타 하나의 반주로도 노래가 듣기 좋다는 것을 의미한다. 후반에 들어서면서 조바꿈이 있는데 한 음을 올려서(장2도) 조성이 올라간다. 이러한 방법은 가사와 음악을 강조하는 효과가 있다. 분위기가 상승하면서 보다 더 강하게 열창을 하게 된다. 아무래도 고음은 가볍게 올라가지 않기 때문에 목에 힘을 주어 음을 만들어내야 한다. 깨끗하고 정확하게 음을 한번에 내는 것이 관건이고 같은 음정을 유지하는 것 또한 쉽지가 않다. 멋지게 잘 부르려면 이 부분을 많이 연습해야 한다.

2.5.A. 한글 부분

Sealed with a kiss

우리가 여름에 헤어진 상태지만,
사랑하는 이여,
난 당신께 이건 약속할게요.
난 당신에게 매일 나의 모든 사랑을
키스로 봉한 편지에 넣어 보낼 거에요

그래요, 춥고 외로운 여름이 되겠지요
그러면 난 외로움을 탈 거에요
난 당신에게 매일 나의 모든 꿈들을
키스로 봉한 편지에 넣어 보낼 거에요

난 햇살아래서 당신을 만날 거에요.
난 어디서든 당신 목소리를 들을 거에요.
난 당신을 부드럽게 안아주기 위해서 달려갈게요
하지만 그대여,
당신은 거기 없겠지요.

난 여름에 헤어지길 원치 않아요.
우리가 사랑을 그리워할 거라는 걸 알면서
그러니 9월에 만날 거라는 약속과.
키스로 보증할 것을 맹세하자구요.

2.5.A-1 영작 1단계 – 문장 찾기와 여러 개로 구분하기

1	우리는 여름에 헤어진 상태에요
1-2	난 당신께 이 건 약속할게요
1-3	난 당신에게 매일 나의 모든 사랑을 키스로 봉한 편지에 넣어 보낼 거에요
2	춥고 외로운 여름이 되겠지요
3	나는 외로움을 탈 거지만
3-1	난 당신에게 매일 나의 모든 꿈들을 키스로 봉한 편지에 넣어 보낼 거에요
4	난 햇살 아래서 당신을 만날 거에요
5	난 어디서든 당신 목소리를 들을 거에요
6	난 당신을 부드럽게 안아주기 위해 달려갈 거에요
7	하지만, 당신은 거기 없겠지요
8	난 여름에 헤어지길 원치 않아요 여름에 사랑(8-1)을 알면서
8-1	우리가 그리워 할 거라는
9	그러니 9월에 만날 거라는 약속과. 키스로 보증할 것을 맹세하자구요

2.5.A-2 영작 2단계 – 주어, 동사 찾기와 동사의 시제 결정하기

1	우리는 ~을 갖게 된 상태에요	현재완료
1-2	난 약속할게요	미래
1-3	난 보낼 거에요	미래
2	되겠지요 (내용상 미래지만 여기서는 'is going to'를 사용하여 현재진행형으로 표현하였음. 이러한 경우 확실하게 다가올 가까운 미래를 위해 이러한 표현을 많이 한다.)	현재진행
3	나는 외로움을 탈 거지만	현재
3-1	난 보낼 거에요	미래
4	난 만날 거에요	미래
5	난 들을 거에요	미래
6	난 달려갈 거에요	미래
7	당신은 없겠지요	미래
8	난 원치 않아요	현재
8-1	우리가 그리워 할 거라는	미래
9	합시다 (* 이 표현은 주로 'Let us to ~동사' 이렇게 하지만 주어 'you'가 생략된 것이고 5형식이다. 이 때 'to+원형동사 즉 부정사'가 올 때 본동사가 'let'이면 'to'없는 부정사를 사용하여서 Let us make ~~'가 된 것이다.)	현재

2.5.A-3 영작 3단계 – 문장의 형식 결정

1	우리는 여름에 헤어진 상태에요 (직역을 하면 '우리는 말하는 것을 갖은 상태에요'라는 방식으로 영어문장에서는 표현하였다)	P3
1-2	난 당신께 이 건 약속할게요	P4
1-3	난 당신에게 나의 모든 사랑을 보낼 거에요	P4
2	춥고 외로운 여름이 되겠지요	P1
3	나는 외로움을 탈 거지만	P3
3-1	난 당신에게 나의 모든 꿈들을 보낼 거에요	P4
4	난 당신을 만날 거에요	P3
5	난 당신 목소리를 들을 거에요	P3
6	난 달려갈 거에요	P1
7	당신은 없겠지요	P1
8	난 헤어지길 원치 않아요	P3
8-1	우리가 그리워 할 거라는	P1
9	맹세를 하도록 합시다. (You) let us to make ~~ (* 직역하면 '당신은 하게 해주세요 우리가 ~하게'가 된다.) (* 이 표현은 주로 'Let us to ~동사' 이렇게 하지만 주어 'you'가 생략된 것이고 5형식이다. 이 때 'to+원형동사 즉 부정사'가 올 때 본동사가 'let'이면 'to'없는 부정사를 사용하여서 Let us make ~~'가 된 것이다.)	P5

2.5.A-4 영작 4단계 - 영어의 Pattern 순서로 위치 변경

no	S	V	C or O	O or C	P#
1	-(비록 ~지만) 우리가	갖은 상태	말하는 것을 -안녕을		3
1-1	-사랑하는 이여 난	약속할 거에요	당신에게	이 것을	4
1-2	난	보낼 거에요	당신에게	나의 모든 사랑을 -매일 -편지 속에 -봉해서 -키스와 함께	4
2	-그래요 가인칭	될 거에요	-존재하는 -여름이		1
3	-그러면 난	탈 거에요	외로움을		3
3-1	난	보낼 거에요	당신에게	나의 모든 꿈들을 -매일 -편지 속에 -봉해서 -키스와 함께	4
4	난	만날 거에요	당신을	-햇살 아래서	3
5	난	들을 거에요	당신 목소리를	-어디서든	3

6	난	달려갈 거에요	-부드럽게 -안아주기 위해	-당신을	1
7	-하지만 -그대여 당신은	없겠지요	-거기에		1
8	난	원치 않아요	말하는 것을 -안녕을	-여름에 -알면서 -사랑을(8-1)	3
8-1	우리가	그리워 할거에요			1
9	-그러니 (당신은)	하자구요	우리가	만드는 것을 -맹세를 -만나는 -여름에 -그리고 -보증하는 -그것을 -키스로	5

2.5.B. 영어 부문

Sealed with a kiss

Though we've got to say "Goodbye" for the summer
Baby, I'll promise you this
I'll send you all my love every day
in a letter sealed with a kiss

Yes, it's gonna be a cold lonely summer
But I feel the emptiness.
I'll send you all my dreams every day
in a letter, Sealed with a kiss

I'll see you in the sunlight.
I'll hear your voice everywhere,
I'll run to tenderly hold you.
But, Baby, you won't be there.

I don't wanna say "Goodbye" for the summer
knowing the love we'll miss,
So let us make a pledge to meet in September
and seal it with a kiss

(* 읽기 목표 시간 – 35 초)

2.5.B-1 번역 1단계 - 문장 구분하기

1	We've got to say 'Goodbye' for the summer
1-1	I'll promise you this
1-3	I'll send you all my love every day in a letter sealed with a kiss
2	Yes, It is gonna be a cold lonely summer
3	But I feel the emptiness
3-1	I'll send you all my dreams every day in a letter sealed with a kiss
4	I'll see you in the sunlight
5	I'll hear your voice everywhere
6	I'll run to tenderly hold you
7	But, you won't be there
8	I don't wanna say goodbye for the summer knowing the love
8-1	we'll miss
9	So let us make a pledge to meet in September and seal it with a kiss

- to say 'Goodbye'는 직역을 하면 '안녕하고 말하는 것'이지만 이별의 의미로 사용되기도 한다.

2.5.B-2 번역 2단계 - 주어, 동사 찾기와 동사의 시제 파악

1	We've got	현재완료
1-1	I'll promise	미래
1-3	I'll send	미래
2	It is going	현재진행
3	I feel	현재
3-1	I'll send	미래
4	I'll see	미래
5	I'll hear	미래
6	I'll run	미래
7	you won't be	미래
8	I don't want	현재
8-1	we'll miss	미래
9	(You) let	현재

2.5.B-3 번역 3단계 - 문장의 형식 파악

1	We've got to say	P3
1-1	I'll promise you this	P4
1-2	I'll send you all my love	P4
2	It is going	P1
3	I feel the emptiness	P3
3-1	I'll send you all my dreams	P4
4	I'll see you	P3
5	I'll hear your voice	P3
6	I'll run	P1
7	you won't be	P1
8	I don't want to say	P3
8-1	we'll miss	P3
9	So let us make	P5

2.5.B-4 번역 4단계 - 복문장의 경우 문장과 문장간의 관계 파악

1 It-At	Though we have got to say "Goodbye" for the summer	1문장 조건에 대한 결과가 1-1로 오는 것임
1-1	I'll promise you this	1문장 though에 따른 결과의 문장
1-2	I'll send you all my love every day in a letter sealed with a kiss	1-1문장에 있는 this를 설명하는 문장
3 Pr	But, I feel the emptiness	
3-1	I'll send you all my dreams every day in a letter sealed with a kiss	3문장에 이은 나열된 문장으로 3번 조건에 대한 결과처럼 보인다
8 At	I don't want to say "Goodbye" for the summer knowing the love	
8-1	we'll miss	8문장 'the love'를 설명하는 문장

- It-At(If-then – Attached) 전체적으로 앞의 문장에서 조건을 제시하고 뒤의 문장에서 그 결과의 문장이 오는 형태이며 뒤의 문장에 어떤 단어를 덧붙여 설명하는 문장이 왔다.
- Pr(Process형) ; 발생한 시간의 순서대로 나열한 문장
- AT(Attached) ; 어떤 단어를 뒤에서 설명하는 문장(관계대명사)

● 2.5.B-5 번역 5단계 - Pattern의 순서로 분리

no	S	V	C or O	O or C	P#
1	-Though we	have got	to say -"Goodbye"	-for the summer	3
1-1	Baby, I	will promise	you	this(1-2)	4
1-2	I	will send	you	all my love -every day -in a letter -sealed -with a kiss	4
2	-Yes, it	is going	-to be	- a cold lonely summer	1
3	-But I	feel	the emptiness		3
3-1	I	will send	you	all my dreams -every day -in a letter -sealed -with a kiss	4
4	I	will see	you	-in the sunlight	3
5	I	will hear	your voice	everywhere	3

6	*I*	*will run*	-to tenderly hold	-you	1
7	-But *you*	*won't be*	there		1
8	*I*	*don't want*	*to say* -"Goodbye"	-for the summer -knowing -the love(8-1)	3
8-1	*we*	*will miss*			3
9	-So *(you)*	*Let*	us	*(to) make* -a pledge - to meet -in September -and -seal -it -with a kiss	5

2.5.C. 문장 분석 부문

So let us make a pledge to meet in September and seal it with a kiss.

1개의 문장으로 구성

직역 -> 그래서 우리가 맹세를 하게 해 주세요 9월(가을)에 만나고 그리고 키스로 보증하는 맹세를

의역 -> 그래서 우리가 9월이 되면 만나는 그리고 그것을 키스로 보증하는 맹세를 합시다.

(주어 + 동사 + 목적어 + 목적보어 ; P5-현재형)

- 주어 'you'가 생략된 문장으로 완만하고 부드럽게 하는 명령문이라고 하여 '간접 명령어'라고 한다.
- 'let'이 사역동사일 때는 목적보어로 오는 동사는 'to'없는 원형동사를 부정사로 사용한다.
- 'make'의 목적어로 'a pledge'가 온 것이므로 'make'가 타동사로 사용되었음을 알 수 있다.
- 'to meet'는 'a pledge'를 설명하는 말이다.
- 'seal'은 원래 'to seal'이라고 해야 하지만 and 앞에 있는 'to meet'에서 이미 'to'가 사용되었으므로 중복을 피하기 위해 생략한 것이다.
- 'it'는 'seal'의 목적어로 'to meet' 즉 '만날 것'을 보증하자는 것이다.
- 'with a kiss'는 '키스와 함께' 즉 '키스를 갖고'의 의미가 왼다.

2.6 Sad movies

John D. Loudermilk가 작곡하고 Sue Tompson이 1961년 발표한 곡으로 데뷔 첫 곡으로 히트를 하면서 그 해 10월 빌보드 5위에까지 오른 행운의 곡이다. 호주에서는 6주 동안이나 정상을 유지하였고 영국에서는 46번이나 정상을 차지하는 등 영어권 국가에서 엄청나게 히트한 곡이다.

작곡자인 John Loudermilk는 자신의 여자친구가 본 1960년 영화 "spartacust'에 대한 이야기를 듣고 이 노래에 대한 영감을 얻었다고 한다. 영화가 끝났을 때 그 여자의 옆에 있던 친구가 눈물을 흘리고 있었고 영화가 자기를 울렸다는 말을 들었고 그 이야기를 John에게 전해 주었다고 한다. 이 노래는 그 뒤로 몇 번의 cover version이 나오면서 그 때마다 다시 히트를 하게 되는 등 easy listening 계열의 노래로 늘 베이비부머 세대로부터 사랑을 받아오고 있다.

이 노래는 느린 룸바 리듬의 노래이다. 룸바(Rumba)는 라틴음악의 시조가 된 쿠바에서 탄생된 리듬으로 그 뿌리는 스페인의 플라멩고이다. 넓은 의미로 보면 라틴 계열의 음악에서 영향을 받았다고 할 수 있다. 원래 라틴 음악은 춤을 위한 음악이다.

Sue Tompson의 목소리는 날카롭지만 경쾌하고 귀엽고 애교스럽다. 보통 이렇게 목소리의 비중이 높게 노래를 부르면 사실 듣기가 거북하고 음색이 좋지 않지만 어쩌면 이 노래는 그게 오히려 더 이 노래의 특징을 잘 살려주고 있다고 할 수 있다.

노래의 가사처럼 영화가 끝났을 때 자기의 애인이 다른 여자와 앉아 있는 모습을 발견하였을 때의 감정이란 울음이 섞인 생목소리가 더 어울릴 수 있다.

더구나 엄마는 왜 그러냐고 묻고 있고 난감한 상황에서 자존심이 상해버린 마음은 사실을 말하고 싶지 않고 그저 영화가 자기를 울렸다고 말할 수 밖에.

이러한 상황에서 부드럽고 호소력 있는 목소리가 무슨 소용이람! 그저 울음을 참고 부르는 생목소리가 노래의 느낌을 잘 살려준다. 중간 중간 바이올린으로 편곡된 채워지는 음악들은 마치 여자를 약 올리듯 하며 더구나 위로라고 하는 여성 보컬의 코러스도 성질을 더 건드리는 듯 하다. 매우 재미있는 편곡과 진행이 노래의 맛을 잘 살려주고 있다. 얼핏 얼핏 들리는 매우 굵직한 남성 베이스의 가사 없이 웅웅 거리는 진행도 매우 흥겹기까지 하다. 찰리 채플린도 말했지만 비극도 조금 멀리 떨어져서 보면 희극이라고 했다.

본인이 슬프고 분하지만 그녀를 바라보는 사람의 마음도 그럴까?

2.6.A. 한글 부분

Sad movies make me cry

슬픈 영화들은 언제나 날 울게 만들어요.
그가 일을 해야 한다고 말해서
난 그 영화를 보러 혼자 갔어요.
그들은 불을 끄고 영사기를 돌렸어요.

그리고 세계 뉴스가 시작했을 때였어요.
난 내 애인이 내 친한 친구와
걸어 들어오는 걸 보았어요.
난 거기 앉아 있었지만
그들은 나를 보지 못했어요

그래서 그들은 내 바로 앞자리에 앉았죠.
그가 그녀의 입술에 키스를 했을 때
난 거의 죽을 것 같았어요.
그리고 컬러 만화를 보는 중간에
눈물이 나기 시작했어요.

그래서 난 일어나서 집으로 천천히 걸어 갔어요.
엄마가 눈물을 보고는 말했어요
"무슨 일이니?"
엄마에게 거짓말 하기가 힘들었지요
난 슬픈 영화들이
날 울게 만들었다고 말했어요.

2.6.A-1 영작 1단계 – 문장 찾기와 여러 개로 구분하기

1	슬픈 영화들은 언제나 나를 울게 만들어요
2	그가 말했어요
2-1	그가 일을 해야 한다고
2-2	그래서 나는 혼자 영화를 보러 갔어요
3	그들은 불을 끄고
3-1	영사기를 돌렸어요
4	세계 뉴스가 막 시작하려고 하였어요
5	난 보았어요
5-1	내 애인이 내 친한 친구와 걸어 들어오는 것을
6	비록 난 거기에 앉아 있었지만
6-1	그들은 나를 보지 못했어요
7	그리고 그들은 내 바로 앞자리에 앉았죠
8	그가 그녀에게 키스를 했을 때
8-1	난 거의 죽을 것 같았어요
9	그리고 컬러 만화를 보는 중간에 울기 시작했어요
10	그래서 난 일어났고
10-1	천천히 집으로 걸어 갔어요
11	엄마가 눈물을 보았어요
11-1	그리고 말했어요
11-2	무슨 일이니?
12	난 엄마에게 거짓말 하기가 힘들었어요
13	나는 금방 대답했어요
13-1	슬픈 영화들은 나를 울게 해요

2.6.A-2 영작 2단계 - 주어, 동사 찾기와 동사의 시제 결정하기

1	슬픈 영화들은 만들어요	현재
2	그가 말했어요	과거
2-1	그가 해야 한다	과거
2-2	나는 갔어요	과거
3	그들은 불을 끄고	과거
3-1	돌렸어요	과거
4	세계 뉴스가 막 시작했어요	과거
5	난 보았어요	과거
5-1	내 애인이 내 친한 친구와 걸어 들어오는 것을	과거
6	비록 난 거기에 앉아 있었지만	과거진행
6-1	그들은 보지 못했어요	과거
7	그들은 앉았죠	과거
8	그가 키스를 했을 때	과거
8-1	난 거의 죽을 것 같았어요	과거
9	시작했어요	과거
10	난 일어났고	과거
10-1	걸어 갔어요	과거
11	엄마가 보았어요	과거
11-1	말했어요	과거
11-2	무슨 일이니?	현재
12	(난 있었어요) (영어 원문에서 생략된 부분이다. - 이러한 부분을 보고 영어식의 표현을 이해할 수 있다.)	과거
13	나는 금방 대답했어요	과거
13-1	슬픈 영화들은 해요	현재

2.6.A-3 영작 3단계 – 문장의 형식 결정

1	슬픈 영화들은 언제나 나를 울게 만들어요	P5
2	그가 말했어요	P3
2-1	그가 일을 해야 한다고	P3
2-2	나는 갔어요	P1
3	그들은 불을 끄고	P3
3-1	영사기를 돌렸어요	P3
4	세계 뉴스가 막 시작하려고 하였어요	P3
5	난 보았어요	P3
5-1	내 애인이 내 친한 친구와 걸어 들어오는 것을	P1
6	난 거기에 앉아 있었지만	P1
6-1	그들은 나를 보지 못했어요	P3
7	그들은 앉았죠	P1
8	그가 그녀에게 키스를 했을 때	P3
8-1	난 거의 죽을 것 같았어요	P1
9	울기 시작했어요	P3
10	난 일어났고	P1
10-1	걸어 갔어요	P1
11	엄마가 눈물을 보았어요	P3
11-1	말했어요	P3
11-2	무슨 일이니?	P2
12	(나는 였어요)	P1
13	나는 금방 대답했어요	P3
13-1	슬픈 영화들은 나를 울게 해요	P5

2.6.A-4 영작 4단계 - 영어의 Pattern 순서로 위치 변경

no	S	V	C or O	O or C	P#
1	슬픈 영화들은	-항상 만들어요	나를	울게	5
2	그가	말했어요	2-1		3
2-1	그는	해야 해요	일을		3
2-2	-그래서 나는	갔어요	영화를 보러 (영화관에)		1
3	그들은	껐어요	불을		3
3-1		돌렸어요	영사기를		3
4	세계뉴스가	-막 시작했어요	(시작하는 것을)		3
5	나는	보았어요	5-1		3
5-1	내 애인과 내 친한 친구가	걸어 들어왔어요			1
6	-비록(만) 난	앉아 있었어요	-거기에		1
6-1	그들은	보지 못했어요	나를		3
7	그들은	앉았어요	-거기 아래	-내 앞에	1
8	-때 그가	키스를 했어요	그녀의 입술에		3

8-1	난	-거의 죽었어요			1
9	나는	시작했어요	울기		3
10	난	일어났고			1
10-1		걸었어요	집으로		1
11	엄마가	보았어요	눈물을		3
11-1	-그리고	말했어요	11-2		3
11-2	무슨	이니	일	(무엇이 잘못이니?)	2
12	나는	였어요	-힘들었어요	-그녀에게 -말하기가 -거짓말을	1
13	나는	-금방 대답했어요	13-1		3
13-1	슬픈 영화들은	만들어요	나를	울게	5

2.6.B. 영어 부문

Sad movies

Sa-a-a-d movies always make me cry
He said he had to work
so I went to the show alone
They turned down the lights
and turned the projector on
And just as the news of the world started to begin
I saw my darling and my best friend walked in

Although I was sitting right there
they didn't see
And so they both sat right down in front of me
And when he kissed her lips
I almost died
And in the middle of the color cartoon
I started to cry.

And so I got up and slowly walked on home
And mama saw the tears and said
"Baby, what's wrong?"
And so just to keep from telling her a lie
I just said "Sad movies make me cry"

(* 읽기 목표 시간 – 45 초)

2.6.B-1 번역 1단계 - 문장 구분하기

1	Sad movies always make me cry
2	He said
2-1	he had to work
2-2	so I went to the show alone
3	They turned down the lights
3-1	and turned the projector on
4	And just as the news of the world started to begin
5	I saw
5-1	my darling and my best friend walked in
6	Although I was sitting right there
6-1	they didn't see
7	And so they both sat right down in front of me
8	And when he kissed her lips
8-1	I almost died
9	And in the middle of the color cartoon I started to cry
10	And so I got up
10-1	and slowly walked on home
11	And mama saw the tears
11-1	said
11-2	"What's wrong?"
12	And so just to keep from telling her lie
13	I just said
13-1	"Sad movies make me cry"

2.6.B-2 번역 2단계 - 주어, 동사 찾기와 동사의 시제 파악

1	Sad movies always make	현재
2	He said	과거
2-1	he had	과거
2-2	I went	과거
3	They turned down	과거
3-1	turned ~ on	과거
4	the news of the world started	과거
5	I saw	과거
5-1	my darling and my best friend walked in	과거
6	I was sitting	과거진행
6-1	they didn't see	과거
7	they both sat	과거
8	he kissed	과거
8-1	I almost died	과거
9	I started	과거
10	I got up	과거
10-1	walked on home	과거
11	Mama saw	과거
11-1	said	과거
11-2	"What is ~"	현재
12	(I was)	과거
13	I just said	과거
13-1	"Sad movies make"	현재

2.6.B-3 번역 3단계 - 문장의 형식 파악

1	Sad movies always make me cry	P5
2	He said	P3
2-1	he had to work	P3
2-2	I went	P1
3	They turned down the lights	P3
3-1	turned the projector on	P3
4	the news of the world started to begin	P3
5	I saw	P3
5-1	my darling and my best friend walked in	P1
6	I was sitting	P1
6-1	they didn't see (me)	P3
7	they both sat	P1
8	he kissed her lips	P3
8-1	I almost died	P1
9	I started to cry	P3
10	I got up	P1
10-1	slowly walked on home	P1
11	mama saw the tears	P3
11-1	said	P3
11-2	"What's wrong?"	P2
12	(I was) (to keep from telling her lie)	P1
13	I just said	P3
13-1	"Sad movies make me cry"	P5

2.6.B-4 번역 4단계 - 복문장의 경우 문장과 문장간의 관계 파악

2 Pr- Fp33	He said	
2-1	he had to work	2문장 'said'의 목적어 문장
2-2	so I went to the show alone	2문장에 따른 그 다음의 행동을 나열한 문장
3 Pr	They turned down the lights	
3-1	and turned the projector on	3문장 다음의 행동을 설명한 문장
5 Fp33	I saw	
5-1	my darling and my best friend walked in	5문장 'saw'의 목적어 문장 즉 목적절이 온 것이다
6 It	Although I was sitting right there	
6-1	they didn't see	6문장의 조건에 대한 결과의 문장으로 보통은 그 결과를 먼저 말하고 해당하는 조건의 문장을 뒤에 쓰는 것이 영어식이다
8 It	And when he kissed her lips	
8-1	I almost died	8문장 조건에 대한 결과의 문장 6번 문장과 같은 형태이다
10 Pr	And so I got up	
10-1	and slowly walked on home	10문장 행동에 이은 다음 행동에 대한 설명

11 **Pr-** **Fp33**	And mama saw the tears	
11-1	said	11문장 다음 행동의 문장
11-2	"what's wrong?"	11-1 'said'의 목적어 문장
13 **Fp33**	I just said	
13-1	"Sad movies make me cry"	13문장 'said'의 목적어 문장

- Pr-Fp33(Process – Five pattern 3rd of #3) ; 대등한 2개의 문장이 나열되어 있는데 뒤의 문장 목적어 자리에 문장이 왔다.
- Pr(Process형) ; 발생한 시간의 순서대로 나열한 문장
- Fp33(Five Pattern 3형식 3번째 자리) ; 3형식 목적어 자리에 문장이 왔음 (목적절)
- It(If-then형) ; 조건의 문장이 먼저 나오고 뒤에 그 결과의 문장이 나옴. Dw의 반대형

2.6.B-5 번역 5단계 - Pattern 순서로 분리

no	S	V	C or O	O or C	P#
1	Sad movies	-always make	me	cry	5
2	He	said	2-1		3
2-1	he	had	to work		3
2-2	-so I	went	-to the show	alone	1
3	They	turned down	the lights		3
3-1	-and	turned	the projector	-on	3
4	-And -just -as the news of the world	started	To begin		3
5	I	saw	5-1		3
5-1	My darling -and my best friend	walked in			1
6	-Although I	was sitting	-right there		1
6-1	they	didn't see	(me)		3

7	-and -so **they**	-both **sat**	-right down	-in front of me	1
8	-and -when **he**	**kissed**	her lips		3
8-1	**I**	-almost **died**			1
9	-And -in the middle of -the color cartoon **I**	**started**	to cry		3
10	-And -so **I**	**got up**			1
10-1	-and **(I)**	-slowly **walked**	-on home		1
11	-And **Mama**	**saw**	the tears		3
11-1		**said**	**11-2**		3
11-2	**What**	**is**	**wrong**		2

12	-And -so **(I)**	**(was)**	-to keep from	-telling	1
13	**I**	-just **said**	**13-1**		3
13-1	**sad movies**	**make**	**me**	**cry**	5

2.6.C. 문장 분석

And so just to keep from telling her lie.
의역 -> 그래서 엄마에게 거짓말 하기가 힘들었지요
 1개의 문장으로 구성

이 문장은 원래 주어 + 동사 'I was'가 생략된 것이다.

I am going to school.
나는 학교에 가는 중이에요.
I am to go to school.
나는 학교에 가려고 해요.
(혹은 '학교에 다니려고 해요'라는 의미로도 사용된다.)

이렇게 'be' 동사 다음에 'to 부정사'가 사용되면 '**~하려고 해요**'라는 의미이다.
예를 들어 미국에서 보통 패스트푸드점에 가면 점원이 이렇게 물어본다.

"Here or to go?

이 것은
"Are you here or to go?"
를 줄여서 한 말이다.
즉 "여기에 계시나요 아니면 가려고 하시나요?"
의 뜻이 되는 것이다.

'keep from ~ing'는 '~하는 것이 힘들다'의 숙어이다.
이러한 숙어는 숙어만 외우지 말고 문장 전체를 외우는 것이 훨씬 도움이 된다.

특히 위와 같은 문장은 'keep'이 본동사로 사용된 것이 아니고 문장의 중간에 나오기 때문에 보다 더 '동사'라는 의식을 강하게 할 수 있다. 그러므로 사실 숙어라는 것은 동사라는 말과 같다. 이러한 대부분의 숙어는 '동사 + 전치사' 또는
'be + 과거분사 + 전치사'의 형태로 나타나는 것이 대부분이다.
전치사를 따로 공부해서 정확하게 그 전치사가 어떤 의미를 갖는지 안다 할지라도 동사와 결합하여 새로운 의미가 만들어지는 것은 사실 짐작하기가 힘들다. 그러니까 넓은 의미로 '동사 + 전치사'도 하나의 동사로 간주하는 것이 우리말의 입장에서 보면 개념이 훨씬 쉬워진다.
마찬가지로 'be + 과거분사 + 전치사'도 하나의 동사로 간주하는 것이 좋다. 보통은 'be + 과거분사'를 수동태로 말하거나 'be + 과거분사'에서 과거분사를 형용사로 간주하여 2형식이라고 주장하는 사람들이 많은데 이렇게 하면 'be + 과거분사 + 전치사' 뒤에 나오는 목적어는 무엇이라고 설명할 것인가? 아마 이 질문을 하면 대답이 무척 궁색할 것이다.
그러므로 'be + 과거분사 + 전치사'인 숙어도 하나의 동사로 간주하면 5형식으로 해석하는 것도 명확해 지고 그 뒤에 나오는 목적어도 당연히 설명이 간단하고 명확해 진다. 더군다나 그 목적어 자리에 문장이 오면 당연히 목적절인데 앞의 설명과 같이 한다면 이런 경우 더욱 그 설명은 궁색하고 초라하다.

2.7 Try to remember

'Try to remember'는 코미디 뮤지컬 'The Fantasticks'에 삽입된 곡으로 가사는 Tom Jones가 썼고 Harvey Schmidt가 작곡하였다. 뮤지컬에서 Jerry Orbach가 처음 불렀다가 1965년 빌보드에 3번이나 진입하게 된다. 그 후 로저 윌리암스(Roger Williams), The Kingston Trio, Brothers Four, Andy Williams, Harry Belafonte 등 여러 가수가 발표하였다. 특히 그리스 여가수 나나무스꾸리 (nana Mouskouri)가 부른 노래는 유럽의 3개 국어로 번안되어 유럽 전체에서 크게 알려지게 된다. 바브라 스트라이샌드가 'The way we were'와 함께 이어 부른 노래도 유명하고 3개의 영화에서 사운드트랙으로 사용되기도 하였다.

부드럽고 감미로운 가사로 인해 낭만적이고 애잔하게 불리는 곡이다. 종종 재즈 버전으로 연주되거나 노래로 불리기도 하는데 멜로디가 아름답지만 단순하고 화성도 복잡하지 않아 연주하고 부르기가 편안한 쉬운 easy listening 계열의 음악이라고 할 수 있다. 멜로디 라인이 그리 복잡하지 않고 화성이 단순할 곡일수록 재즈로 변주를 하기가 수월하다고 볼 수 있다. 어떻게 변주를 하여도 원곡의 느낌이 약해지지 않고 유지되는 음악이다. 재즈뮤지션들은 이러한 곡들을 연주하기 좋아한다. 해석이 어렵지 않고 코드가 단순해서 변주를 해도 다른 악기와 혹은 다른 변형 화음과 충돌이 잘 생기지 않기 때문일 것이다. 리듬은 느린 왈츠 리듬으로 명확하게 4분의 3박자로 진행이 된다. 3박자의 월츠 리듬은 4박자에 비하여 마디 안에 1박자가 부족하다. 그만큼 단순하고 간결한 느낌을 주는 것이다. 왈츠 춤을 추기에는 좋지만 노래를 부르기엔 단조로운 맛이 있다. 그래서 잘 부르기가 어렵다. 이렇게 단순하고 순한 진행을 잘 살려서 노래를 부른다는 것은 곡에 대한 해석이 뛰어나고 가창력이 좋으며 감정 처리가 좋다고 할 수 있다.

우리나라에서는 Brothers Four가 부른 곡보다 나나무스꾸리가 부른 부드럽고 아름다우며 깔끔한 음색을 더 선호해서 듣는 것 같다. 조용한 가을 밤 기타를 치며 부르는 포크적인 대표적인 7080의 곡이라고 할 수 있다. 나나무스꾸리의 노래에 보면 남성의 코러스가 화음을 넣으며 여성의 멜로디 부분을 잘 보완하고 있다. 특히 트레믈로 주법으로 연주되는 기타의 전주음이 가냘프고 애처롭다. 제목 그대로 추억에 빠지게 하는 조용하고 애잔한 노래이다.

2.7.A. 한글 부분

Try to remember

기억해봐요 삶은 여유로웠고
아주 풍요했던 때인 그 9월 같음을
기억해봐요 잔디는 푸르렀고
곡식들은 노랗게 여물었던 때인 그 9월 같음을
기억해봐요 당신이 다정하고
어린 친구였던 때의 그 9월 같음을
기억해봐요 만약 당신이 기억한다면
그 기억을 따라가세요.
기억해봐요 인생이 아주 순탄해서
버드나무 말고는 아무도 눈물 흘리지 않았던 때를
기억해봐요 인생이 아주 순탄해서
꿈들이 당신의 베개맡에 항상 있던 때를
(항상 꿈을 꾸고 있었던 때를)
기억해봐요 사랑이 막 부풀어오르는
불씨였던 그 9월 같음을
기억해봐요 만약 당신이 기억한다면
그 기억을 따라가세요.
12월도 깊어가는데 기억한다는 것은 멋져요
비록 당신은 곧 눈이 올 거라는 것을 알지만
12월도 깊어가는데 기억한다는 것은 멋져요
마음이 공허한 아픔만 빼구요
우리를 풍요롭게 만드는 그 9월의 불타오름
12월도 깊어가는데 우리의 마음은 추억을 해야지요
그리고 그 기억을 따라 가세요

2.7.A-1. 영작 1단계 – 문장 찾기와 여러 개로 구분하기

1	기억해봐요 9월 같음을
1-1	삶은 여유로웠고 아주 풍요했던 때인
2	기억해봐요 9월 같음을
2-1	잔디는 푸르렀고
2-2	곡식들은 노랗게 여물었던 때를
3	기억해봐요 9월 같음을
3-1	당신은 다정하고 어린 친구였던 때를
4	그리고 만약 당신이 기억한다면
4-1	그 기억을 따라 가세요
5	인생이 아주 순탄하던 때를
5-1	버드나무 말고는 아무도 울지 않을 만큼 순탄한
6	인생이 아주 순탄하던 때를
6-1	꿈들이 당신의 베개맡에 항상 있을 만큼 (순탄하던)
7	기억해봐요 9월 같음을
7-1	사랑이 막 부풀어 오르는 불씨였던 때인
8	만일 당신이 기억한다면
8-1	그러면 따라가세요 그 기억을
9	12월도 깊어가는데 기억한다는 것은 멋져요
10	비록 당신이 알지만
10-1	눈이 올 거라는 것을
11	마음이 공허한 아픔만 빼구요
12	우리를 풍요롭게 만드는 9월의 불타오름
13	12월도 깊어가는데 우리의 마음은 추억을 해야지요, 그리고 따라가야 해요

2.7.A-2 영작 2단계 – 주어, 동사 찾기와 동사의 시제 결정하기

1	기억해봐요 (당신은 노력하세요~기억을)	현재
1-1	삶은 ~였지요	과거
2	기억해봐요 (당신은 노력하세요~기억을)	현재
2-1	잔디는 ~였고	과거
2-2	곡식들은 ~였던	과거
3	기억해봐요 (당신은 노력하세요~기억을)	현재
3-1	당신은 ~였던	과거
4	당신이 기억한다면	현재
4-1	따라 가세요	현재
5	인생이 ~여서	과거
5-1	아무도 눈물 흘리지 않았던	과거
6	인생이 ~해서	현재
6-1	꿈들이 항상 있던	과거
7	기억해봐요 (당신은 노력하세요~기억을)	현재
7-1	사랑이 ~였던	과거
8	당신이 기억한다면	현재
8-1	그러면 따라가세요	현재
9	~에요(가인칭 주어 문장)	현재
10	당신이 알지만	현재
10-1	눈이 올 거라는 것을	미래
11	마음이 ~한	현재
12	9월의 불타오름이 했지요(만들었지요)	과거
13	우리의 마음은 추억을 해야지요, 따라가야 해요	과거

2.7.A-3 영작 3단계 - 문장의 형식 결정

1	기억해봐요 (당신은 기억하는 것을 노력하세요)	P3
1-1	삶은 여유로웠고 아주 풍요했던 때를	P2
2	기억해봐요	P3
2-1	잔디는 푸르렀고	P2
2-2	곡식들은 노랗게 여물었던 때를	P2
3	기억해봐요	P3
3-1	당신은 다정하고 어린 친구였던 때를	P2
4	그리고 만약 당신이 기억한다면	P3
4-1	그 기억을 따라 가세요	P3
5	인생이 아주 순탄해서	P2
5-1	아무도 눈물 흘리지 않았던 때를	P1
6	인생이 아주 순탄해서	P2
6-1	꿈들이 항상 있던 때를	P1
7	기억해봐요	P3
7-1	사랑이 불씨였던 때인	P2
8	만일 당신이 기억한다면	P3
8-1	그러면 따라가세요 그 기억을	P3
9	멋져요	P2
10	비록 당신이 알지만	P3
10-1	눈이 올 거라는 것을	P1
11	마음이 공허한	P2
12	9월의 불타오름이 우리를 풍요롭게 했지요 (우리를 풍요롭게 하는 9월의 불타오름)	P5
13	우리의 마음은 추억을 해야지요, 그리고 따라가야 해요	P3

2.7.A-4 영작 4단계 - 영어의 Pattern 순서로 위치 변경

no	S	V	C or O	O or C	P#
1	(당신은)	노력하세요	기억하는 것을	-9월 같음을	3
1-1	-때 인생은	였어요	여유롭고 아주 풍요했어요		2
2	(당신은)	노력하세요	기억하는 것을	-9월 같음을	3
2-1	-때 잔디는	였어요	푸르렀고		2
2-2	-그리고 곡식은	였어요	노랗고		2
3	(당신은)	노력하세요	기억하는 것을	-9월 같음을	3
3-1	당신은	였어요	다정하고 어린 친구		2
4	-그리고 만일 당신이	기억한다면			3
4-1	-그땐 (당신은)	따라가세요			3
5	-때 인생은	였어요	너무 순탄해서		2
5-1	사람이 없어요	울었던	-말고는 -버드나무		1
6	-때 인생은	였어요	아주 순탄하게		2
6-1	꿈들은	항상 있었어요	-옆에	-당신의 베개	1

7	-때 사랑은	였어요	뿔씨	-막 -피어오려는	2
8	-만일 당신이	기억한다면			3
8-1	-그땐 당신은	따라가세요			3
9	-12월도 깊어 가는데 가인칭	이에요	멋져요	-기억하는 것이	2
10	-비록 당신은	알지만	**10-1**		3
10-1	눈이	올 거에요			1
11	-빼구요 -아픔을 마음이	~인	공허한		2
12	-불 -9월의 그건	만들었어요	우리를	풍요롭게	5
13	-깊은 -12월엔 우리의 마음은	추억을 해야지요 -그리고 따라가고 ….	(그런 12월을)		3

2.7.B. 영어 부문

Try to remember

Try to remember the kind of September
when life was slow and oh, so mellow
Try to remember the kind of September
when grass was green And grain was yellow
Try to remember the kind of September
when you were a tender and callow fellow
Try to remember
And if you remember then follow, follow
Try to remember
When life was so tender
that no one wept except the willow
Try to remember
When life was so tender
that dreams were kept beside your pillow
Try to remember the kind of September
When love was an ember about the billow
Try to remember
And if you remember then follow, follow
Deep in December It's nice to remember
although you know the snow will follow
Deep in December it's nice to remember
without the hurt the heart is hollow
The fire of September that made us mellow
Deep in December Our hearts should remember and follow ….

(* 읽기 목표 시간 - 50 초)

2.7.B-1. 번역 1단계 - 문장 구분하기

1	Try to remember the kind of September
1-1	when life was slow and so mellow
2	Try to remember the kind of September
2-1	when grass was green
2-2	and grain was yellow
3	Try to remember the kind of September
3-1	when you were a tender and callow fellow
4	If you remember
4-1	then follow
5	When life was so tender
5-1	that no one wept except the willow
6	When life was so tender
6-1	that dreams were kept beside your pillow
7	When love was an ember about to billow
8	If you remember
8-1	then follow, follow, follow
9	Deep in December it is nice to remember
10	Although you know
10-1	the snow will follow
11	Without the hurt the heart is hollow
12	The fire of September that made us mellow
13	Deep in December out hearts should remember and follow ...

2.7.B-2 번역 2단계 - 주어, 동사 찾기와 동사의 시제 파악

1	(you) Try	현재
1-1	life was	과거
2	(you) Try	
2-1	Grass was	과거
2-2	grain was	과거
3	(you) Try	
3-1	You were	과거
4	You remember	현재
4-1	(you) follow	현재
5	Life was	과거
5-1	no one wept	과거
6	Life was	과거
6-1	dreams were kept	과거
7	Love was	과거
8	You remember	현재
8-1	(you) follow, follow, follow	현재
9	It is	현재
10	You know	현재
10-1	the snow will follow	미래
11	The heart is	현재
12	The fire of September that made	과거
13	Our hearts should remember and follow	과거

2.7.B-3. 번역 3단계 - 문장의 형식 파악

1	(You) Try to remember	P3
1-1	life was slow and so mellow	P2
2	Try to remember	P3
2-1	grass was green	P2
2-2	grain was yellow	P2
3	Try to remember	P3
3-1	you were a tender and callow fellow	P2
4	you remember (the kind of September)	P3
4-1	(you) follow (the kind of September)	P3
5	life was so tender	P2
5-1	no one wept	P1
6	life was so tender	P2
6-1	dreams were kept	P1
7	love was an ember	P2
8	you remember (the kind of September)	P3
8-1	follow, follow, follow (the kind of September)	P3
9	it is nice	P2
10	you know	P3
10-1	the snow will follow	P1
11	the heart is hollow	P2
12	The fire of September that made us mellow	P5
13	our hearts should remember (the kind of September) and follow ...	P3

2.7.B-4. 번역 4단계 - 복문장의 경우 문장과 문장간의 관계 파악

1 At	(You) try to remember the kind of September	
1-1	when life was slow and so mellow	1문장 September를 설명
2 At-Pr	(You) try to remember the kind of September	
2-1	when grass was green	2문장 September를 설명
2-2	and grain was yellow	2-1에 이은 문장 추가
3 At	(You) Try to remember the kind of September	
3-1	when you were a tender and callow fellow	3문장 September를 설명
4 It	If you remember	Try to remember에 연이은 문장으로 가사가 반복되므로 생략하였지만 실제는 그 문장에 대한 조건
4-1	then follow	4번 문장 조건에 대한 결과의 문장
5 At	when life was so tender	the kind of September에서 September를 설명하는 문장으로 계속 반복되므로 생략함
5-1	that no one wept except the willow *우리는 문법에서 소위 so ~ that 용법이라고 해서 너무 ~해서 ~한다'라고 배웠을 것이다. 구태여 이렇게 외울 필요 없이 그냥 직역을 해도 그런 의미가 된다.	5-1 tender를 설명
6	When life was so tender	5문장과 마찬가지로 tender

It 6-1	that dreams were kept beside your pillow	를 6-1에서 설명 6장 tender를 설명
8 It	If you remember (the kind of September)	
8-1	(you) follow (the kind of September)	8문장의 조건에 따른 결과의 문장
10 Fp33	Although you know	
10-1	the snow will follow	10문장에서 know의 목적어 문장 즉 know의 목적절

- At(Attached) ; 어떤 단어를 뒤에서 설명하는 문장(관계대명사)
- At-Pr(Attached – Process) 문장의 어떤 단어를 설명하기 위해 2개의 연이은 문장이 왔다.
- It(If-then) ; 조건의 문장이 먼저 나오고 뒤에 그 결과의 문장이 나옴 Dw의 반대형
- Fp33(Five pattern 3rd of #3) ; 3형식 목적어에 문장이 온 형태 (목적절)

2.7.B-5. 번역 5단계 - Pattern의 순서로 분리

no	S	V	C or O	O or C	P#
1	*(you)*	*Try*	to remember	-the kind of September	3
1-1	-when *life*	*was*	slow -and so mellow		2
2	*(you)*	*Try*	to remember	-the kind of September	3
2-1	-when *grass*	*was*	green		2
2-2	-and *grain*	*was*	yellow		2
3	*(you)*	*Try*	to remember	-the kind of September	3
3-1	-when *you*	*were*	a tender and callow fellow		2
4	*(you)*	*Try*	to remember	-the kind of September	3
4	-and if *you*	*remember*	(the kind of September)		3
4-1	-then *(you)*	*follow*	(the kind of September)		3

5	*(you)*	*Try*	to remember		3
5	-when *life*	*was*	so tender		2
5-1	-that *no one*	*wept*	-except -the willow		1
6	*(you)*	*Try*	to remember		3
6	-when *life*	*was*	so tender		2
6-1	-that *dreams*	*were kept*	-beside	-your pillow	1
7	-when *love*	*was*	an ember	-about -to billow	2
8	*(you)*	*Try*	to remember	-the kind of September	3
8	-if *you*	*remember*	(the kind of September)		3
8-1	-then *(you)*	*follow*	(the kind of September)		3
9	-Deep In December *it*	*is*	nice	-to remember	2
10	-Although *you*	*know*	**10-1**		3
10-1	*the snow*	*will follow*			1

11	-Without the hurt **the heart**	*is*	*hollow*		2
12	-The fire of September **that**	*made*	*us*	*mellow*	5
13	-Deep in December **our hearts**	*should remember* and *follow ….*	*(the kind of September)*		3

2.7.C. 문장 분석

Try to remember when life was so tender that no one wept except the willow.

3개의 문장으로 구성

전체적으로는 '주어 + 동사 + 목적어 ; P3-현재형' 문장이며

목적어 대신 '어떠한 때(시간)를 기억하라'는 문장이 즉 목적절이 온 것이다.

그리고 목적절 문장 중에서 'so tender'를 설명하기 위한 문장이 뒤에 첨부된 것이다.

이렇게 첨부된 문장을 연결하는 것이 관계대명사이고 여기서는 'that'이 사용되었다.

이러한 형태의 복문장은 7가지 복문장 규칙 중 5번째 'attached형'이다.

(* 필자의 저서 '복문장 영작의 모든 것' 중 7가지 복문장 규칙 중에서 참조)

영문법에서 소위 'so ~ that ~' 용법이라는 것이 있는데 직역하면 '너무 ~해서 ~한다'의 뜻으로 사용된다고 나와있다. 그러나 용법이라는 거창하고 어렵게 생각하지 말고 그냥 직역을 하면 같은 내용이 된다. 더 나아가서는 'so ~한' 이유를 'that' 이하 문장으로 해설한다고 생각하면 이해가 쉽다.

(1) 번 문장

Try to remember

직역 -> 노력하세요 ~을 기억하는 것을

의역 -> 기억하세요 ~을

(주어 + 동사 + 목적어 ; P3-현재형)

주어 'you'가 생략된 문장으로 영어에서 유일하게 주어를 생략할 수 있는 문장의 형태가 명령문이다. 여기서는 'to remember' to 부정사가 타동사로 사용되었으므로 목적어가 필요하다. 즉 그 목적어가 문장으로 온 것으로 (2)번 문장이 된다.

(2) 번 문장
When life was so tender
직역 -> 인생이 너무 순탄할 때
(주어 + 동사 + 보어 ; P2-과거형)

(1)번 문장에서 'to remember'의 목적어로 사용된 문장이다. 본동사가 아닌 문장의 중간에 나타나는 타동사 즉 to 부정사, 동명사, 현재분사가 여기에 해당되는데 이러한 동사들이 타동사이면 목적어가 필요한데 이 때 목적어 대신 문장이 올 수 있다. 즉 목적절이 올 수 있다는 것이다. 이러한 복문장의 형태는 복문장 규칙 7가지 중 6번째 '본동사가 아닌 타동사의 목적어로 사용된 복문장'이다.
(필자의 저서 '복문장 영작의 모든 것 중 6번째 규칙 참조)

(3) 번 문장
That no one wept except the willow.
직역 -> 버드나무 빼고는 아무도 없는 사람이 눈물을 흘렸어요
의역 -> 버드나무 빼고는 아무도 눈물 흘리는 사람이 없었지요
(주어 + 동사 ; P1-과거형)

위 문장에서 'that'은 앞의 단어 'tender'를 설명하기 위해 연결하는 것으로 '관계대명사'라고 한다. 이 때 'tender'를 '관계대명사의 선행사'라고 한다. 이처럼 앞의 문장에서 어떤 단어를 설명하기 위해 뒤에 첨부해서 문장이 오는 경우가 복문장 7가지 규칙 중 'Attached형'이라고 한다. 관계대명사가 전부 여기에 해당하며 그러므로 반드시 관계대명사는 선행사가 있기 마련이고 그 선행사를 설명하는 것이다. 선행사는 대부분 관계대명사 바로 앞에 있는 경우가 많다.
(필자의 저서 '복문장 영작의 모든 것'에서 복문장의 7가지 규칙 중 5번째 'Attached형' 참조)

2.8 When I dream

스코틀랜드 출신의 가수 캐롤 키드(Carol Kidd)가 1992년 발표한 곡이다.
특히 이 곡은 영화 '쉬리'에 삽입되어 우리나라에 크게 알려지게 되었다.
캐롤 키드가 재즈 밴드에서 싱어로 활동하며 두 번째 앨범에 수록한 곳인데
원래 이 노래는 1978년 미국의 컨트리 가수 크리스탈 게일(Crystal Gayle)이
발표하였던 곡을 편곡하여 다시 부르게 된 것이다.
호소력 짙은 목소리와 약간 허스키한 애잔한 목소리로 이 노래의 발라드한 느낌을 잘 살려서 노래하였다. 원래 스코틀랜드는 아일랜드와 더불어 잔잔한 포크가 발달한 음악으로 알려져 있다. 일부 대중음악 평론가들은 아일랜드와 스코틀랜드 음악이 오늘날 포크의 뿌리가 되었다고 말하기도 한다.
캐롤 키드는 1998년 영국으로부터 재즈가수로 공식 인정을 받는 훈장도 받을 만큼 재즈가수로 인정받지만 우리나라에는 영화 '쉬리' 이전에는 거의 알려지지 않았다.
나이론 줄로 튜닝된 클래식 기타의 아르페지오 주법의 반주로만으로 이루어진 음악에 맞추어 부르는 이 노래는 서정적인 느낌을 강력하게 발산한다. 아르페지오 주법은 소위 우리가 뜯는다는 표현을 하는 화음을 분산하는 분산화음으로 연주하는 테크닉이다.
리듬의 종류에 따라 분산하는 방법이 다르게 된다. 몇 가지 분산화음의 연주 규칙이 있지만 규칙으로만 진행하는 연주는 단조롭기 때문에 진행에 따라 분산의 주법을 바꾸어 주어야 한다. 그렇다고 서너 가지 주법 이상을 사용하면 약간 지저분한 느낌을 줄 수 있다. 여기에 멜로디를 얹어서 연주할 수 있으면 프로급의 연주가 되는 것이다.
이러한 주법을 멜로딕 주법이라고 한다. 멜로디를 포함 시키려면 평소에 멜로디만으로 연주하는 방법을 먼저 충분히 익혀야 한다. 계명을 외워서 연주하는 습관을 먼저 기르고 멜로디를 연주하다 보면 자연스럽게 분산화음 주법과 결합할 수 있게 될 것이다.
이 노래의 특징은 이렇게 분산화음 주법의 반주와 깔끔하게 기교나 바이브레이션 없이 오로지 가사의 전달과 감정의 표현에 집중하는 음악이다. 모든 노래가 그렇듯 감정을 살려서 노래하는 것처럼 좋은 것은 없다. 그러기 위해서는 노래와 가사에 대한 완벽한 해석 그리고 끊임없는 노래의 반복을 통해 감정에만 몰입할 수 있도록 나머지 부분을 신경 쓰지 않도록 완벽하게 음악을 꿰차고 있어야 한다. 500번 이상 부르면 노래에 신경 쓰지 않고 감정에만 매달릴 수 있다. 노래가 미완성인데 감정을 얹을 수는 없다.

2.8.A. 한글 부분

When I dream

난 나무들보다 높은 집을 지을 수 있어요
절대로 버리지 않고 내가 원하는
모든 선물들을 가질 수 있어요.
난 파리로 날아갈 수 있어요
내 마음대로 할 수 있거든요.
근데 왜 난 전혀 아무것도 없이
외로운 삶을 사는 거죠?
하지만 내가 꿈을 꿀 때면
난 바로 당신의 꿈을 꾸지요.
아마도 언젠가는 당신이 실제로 나타날 거에요.
내가 꿈을 꿀 때면
난 당신 꿈을 꾸지요.
당신은 아마도 언젠가 현실로 나타날 거에요.

난 가수가 될 수 있어요
아님 어떤 역할이라도 하는 광대도요.
난 나를 달나라로 데려다 줄 누군가를
전화로 불러 낼 수 있어요.
난 화장을 하고 그 남자를 정신 없게 빠져들게 할 수 있어요.
난 혼자 잠자리에 들 수 있어요
그 사람의 이름도 결코 알 수 없어요
하지만 내가 꿈을 꿀 때면 난 당신 꿈을 꾸지요.
아마도 언젠가는 당신이 실제로 나타날 거에요.

2.8.A-1. 영작 1단계 – 문장 찾기와 여러 개로 구분하기

1	난 저택을 지을 수 있어요
1-1	나무들보다 더 큰 저택이에요
2	나는 모든 선물들을 가질 수 있어요
2-1	절대로 버리지 않고 내가 원하는
3	난 파리로 날아갈 수 있어요
4	내 마음대로 할 수 있거든요
5	왜 난 전혀 아무 것도 없이 외로운 삶을 사는 거죠?
6	하지만 내가 꿈을 꿀 때면
6-1	난 바로 당신의 꿈을 꾸어요
7	아마도 언젠가 당신이 실제로 나타날 거에요
8	난 가수가 될 수 있어요 아님 어떤 역할이라도 하는 광대도요
9	난 나를 달나라로 데려다 줄 누군가를 전화로 불러낼 수 있어요
10	난 화장을 하고
10-1	그 남자를 정신 없게 빠져들게 할 수 있어요
11	난 혼자 잠자리에 들 수 있어요
11-1	그 사람의 이름도 결코 알 수 없어요

2.8.A-2. 영작 2단계 – 주어, 동사 찾기와 동사의 시제 결정하기

1	난 지을 수 있어요 (*우리말은 현재지만 여기서는 과거로 표현하였음)	과거
1-1	나무들보다 이에요	현재
2	나는 모든 선물들을 가질 수 있어요 (*위의 문장처럼 과거로 표현하였음)	과거
2-1	절대로 버리지 않고 내가 원하는	현재
3	난 날아갈 수 있어요 (*위의 문장처럼 과거로 표현하였음)	과거
4	~ 이에요 (*가인칭 주어를 사용한 문장)	현재
5	왜 사는 거죠?	현재
6	내가 꿈을 꿀 때면	현재
6-1	난 꿈을 꾸어요	현재
7	당신이 실제로 나타날 거에요	미래
8	난 될 수 있어요	현재
9	난 부를 수 있어요	현재
10	난 화장을 하고	현재
10-1	그 빠져들게 할 수 있어요	현재
11	난 갈 수 있어요	현재
11-1	결코 알 수 없어요	현재

2.8.A-3. 영작 3단계 – 문장의 형식 결정

1	난 저택을 지을 수 있어요	P3
1-1	나무들보다 더 큰 저택이에요	P2
2	나는 모든 선물들을 가질 수 있어요	P3
2-1	절대로 버리지 않고 내가 원하는	P3
3	난 파리로 날아갈 수 있어요	P1
4	내 마음대로 할 수 있거든요	P2
5	왜 난 삶을 사는 거죠?	P1
6	하지만 내가 꿈을 꿀 때면	P1
6-1	난 바로 당신의 꿈을 꾸어요	P3
7	아마도 언젠가 당신이 실제로 나타날 거에요	P1
8	난 가수가 될 수 있어요 아님 어떤 역할이라도 하는 광대도요	P2
9	난 누군가를 전화로 불러낼 수 있어요	P3
10	난 화장을 하고	P1
10-1	그 남자를 정신 없게 빠져들게 할 수 있어요	P5
11	난 혼자 잠자리에 들 수 있어요	P1
11-1	그 사람의 이름도 결코 알 수 없어요	P3

2.8.A-4. 영작 4단계 – 영어의 Pattern 순서로 위치 변경

no	S	V	C or O	O or C	P#
1	난	지을 수가 있어요	저택을 (1-1)		3
1-1	그 저택은	이에요	더 커요 -나부들보다		2
2	나는	가질 수 있어요	모든 선물들을 (2-1)		3
2-1	내가	원하는 그리고 절대 버리지 않을			3
3	난	날아갈 수 있어요	-파리로		1
4	가인칭	이에요	내 맘대로		2
5	-근데 -왜 난	사는 거죠	내 삶을	-가진 것도 없이 -전혀	1
6	-하지만 -때면 내가	꿈을 꿀 때면			1
6-1	난	꿈을 꾸어요	바로 당신의		3
7	-아마도 -언젠가는 당신이	실제로 나타날 거에요			1

8	난	될 수 있어요	가수가 -그리고 광대도요	-어떤 역할이라도 하는	2
9	난	전화로 불러 낼 수 있어요	누군가를	-데려다 줄 -달나라로	3
10	난	화장을 하고			1
10-1	난	빠져들게 할 수 있어요	남자를	정신 없게	5
11	난	잠자리에 들 수 있어요	-혼자		1
11-1	난	결코 알 수 없어요	그 남자의 이름을		3

2.8.B. 영어 부문

When I dream

I could build the mansion
that is higher than the trees
I could have all the gifts
I want and never ask to leave

I could fly to Paris.
It's at my beck and call
Why do I live my life alone
with nothing at all

But when I dream, I dream of you,
Maybe someday you will come true.
When I dream, I dream of you
Maybe someday you will come true

I can be the singer
or the clown in any room
I can call up someone
to take me to the moon

I can put my makeup on
and drive the man insane
I can go to bed alone
and never know his name

(* 읽기 목표 시간 - 35 초)

2.8.B-1. 번역 1단계 - 문장 구분하기

1	I could build the mansion
1-1	that is higher than the trees
2	I could have all the gifts
2-1	I want and never ask to leave
3	I could fly to Paris
4	It is at my beck and call
5	Why do I live my life alone with nothing at all?
6	But when I dream
6-1	I dream of you
7	Maybe someday you will come true
8	I can be the singer or the clown in any room
9	I can call up someone to take me to the moon
10	I can put my makeup on
10-1	and drive the man insane
11	I can go to bed alone
11-1	and never know his name

2.8.B-2 번역 2단계 - 주어, 동사 찾기와 동사의 시제 파악

1	I could build	과거
1-1	that is	현재
2	I could have	과거
2-1	I want and never ask	현재
3	I could fly	과거
4	It is	현재
5	Why do I live	현재
6	But when I dream	현재
6-1	I dream of	현재
7	Maybe someday you will come true	미래
8	I can be	현재
9	I can call up	현재
10	I can put	현재
10-1	and drive	현재
11	I can go	현재
11-1	and never know	현재

2.8.B-3 번역 3단계 - 문장의 형식 파악

1	I could build the mansion	P3
1-1	that is higher	P2
2	I could have all the gifts	P3
2-1	I want and never ask to leave	P3
3	I could fly	P1
4	It is at my beck and call	P2
5	Why do I live	P1
6	I dream	P1
6-1	I dream of you	P3
7	someday you will come true	P1
8	I can be the singer or the clown	P2
9	I can call up someone	P3
10	I can put my makeup on	P3
10-1	and drive the man insane	P5
11	I can go	P1
11-1	and never know his name	P3

2.8.B-4. 번역 4단계 - 복문장의 경우 문장과 문장간의 관계 파악

1 At	I could build the mansion	'the mansion'에 대한 설명이 1-1의 문장
1-1	that is higher than the trees	1문장과 연결하는 단어가 'that'으로 이를 관계대명사라 한다. 여기서 'that'은 뒤 문장의 주어 역할도 한다. 이럴 때는 'that'을 생략할 수 없다. 그러면 'build'의 목적어인지 다음 문장의 주어인지 구별할 수 없다.
2 At	I could have all the gifts	'the gifts'에 대한 설명이 2-1에 있다
2-1	I want and never ask to leave	2문장 the gifts에 대한 설명의 문장으로 관계대명사 that이 생략되었다. 'to leave'의 목적어가 the gifts이다. 이런 때는 that을 생략해도 의미 전달에 문제가 없다.
6 It	But when I dream	
6-1	I dream of you	6문장 조건에 대한 결과의 문장
10 Pr	I can put my makeup on	10문장에 이어지는 문장 10-1이 왔다.
10-1	and drive the man insane	drive 앞에 can이 있는 것과 마찬가지이다.
11 Pr	I can go to bed alone	11번에 이어 또 하나의 문장이 나열되어 있다.
11-1	and never know his name	never 앞에 can이 있는 것과 마찬가지이다.

- At(Attached) ; 어떤 단어를 뒤에서 설명하는 문장(관계대명사)
- It(If-then) ; 조건의 문장이 먼저 나오고 뒤에 그 결과의 문장이 나옴 Dw의 반대형
- Pr(Process) ; 발생한 시간의 순서대로 나열한 문장(혹은 대등한 문장으로 나열된 문장-대등절)

2.8.B-5. 번역 5단계 - Pattern의 순서로 분리

no	S	V	C or O	O or C	P#
1	*I*	**could build**	*the mansion* (1-1)		3
1-1	*that*	**Is**	*higher* -than trees		2
2	*I*	**could have**	*all the gifts* (2-1)		3
2-1	*I*	**want and never ask**	-to leave		3
3	*I*	**could fly**	-to Paris		1
4	It	**is**	-at -my beck and call		1
5	*-Why do I*	**live**	*my life*	-alone -with nothing -at all	1
	● Live는 자동사이므로 목적어를 갖지 못한다. 그러나 관용적 표현으로 'I live my life'라고 많이 사용하고 있다.				
6	*-But when I*	**dream**			1
6-1	*I*	**dream of**	you		3

7	-Maybe -someday **you**	**will come true**			1
8	**I**	**can be**	**the singer** **-or** **the clown** -any role		2
9	**I**	**can call up**	**someone** **-to take** **-me**	-to the moon	3
10	**I**	**can put**	**my makeup**	on	3
10-1	-and **I**	**(can) drive**	**the man**	**insane**	5
11	**I**	**can go**	-to bed	-alone	1
11-1	**I**	**(can) never know**	**his name**		3

2.8.C. 문장 분석

I could build the mansion that is higher than the trees.
의역 -> 난 나무들보다 더 훨씬 큰 저택을 지을 수 있어요.
과거형 문장 + 현재형 문장
    2   문장으로 구성

(1)번 문장
I could build the mansion.
직역 -> 난 저택을 지을 수 있었어요
의역 -> 난 저택을 지을 수 있어.
(주어 + 동사 + 목적어 ;P3-과거형)

이 문장은 'I can build ...' 현재형 문장에 비해 과거형이므로 위와 같이 해석을 한 것이다. 그러나 would, should, might와 마찬가지로 원래는 과거형이지만 현재형으로 사용하면서 보다 점잖은 표현으로 종종 사용된다. 자기가 하고 싶은 말을 마치 과거의 마음인 것처럼 돌려서 말하는 것이다.
예를 들어

I would like to drink something.
난 뭔가를 마시고 싶었을 거에요.

라고 하지만 실제로 지금 마시고 싶을 때 사용하는 것과 마찬가지이다.
그렇다고 해서 모든 문장을 과거형이 아닌 현재형으로 해석하면 안 된다.
이러한 형태의 표현은 일종의 가정법으로 영어에서 가정법 과거는 현재의 상태를 나타내기 때문이다. 그래서 우리가 가정법 과거는 현재 사실의 반대라고 표현하는 것이다.
우리말로 번역을 할 때 문장의 앞 뒤를 잘 보고 번역을 해야 할 것이다.

I would marry him.

은 완벽하게 ' 난 그 사람과 결혼했을 거야'의 뜻이 되는 것이다.

(2)번 문장
That is higher than the trees.
의역 -> 그 것은 나무들 보다 더 커요.
(주어 + 동사 + 보어 ;P2-현재형)

여기서 'that'은 앞 문장의 'the mansion'을 의미한다. 이렇게 2개의 문장을 연결할 때 'that'을 관계대명사라고 한다. 즉 'the mansion'이 관계대명사 'that'의 선행사가 되는 것이다. 대개의 경우는 관계대명사 바로 앞에 선행사가 위치한다.
앞의 문장이 과거형임에도 이 문장이 현재형으로 쓰인 것은 일반적 진리, 현상, 반복해서 나타나는 어떤 습관 등은 전체 시제와 상관 없이 현재형을 사용한다.
이 문장의 경우 'that'이 주어로 사용되었다. 이러한 경우 관계대명사 'that'을 생략하면 안 된다. 마치 관계대명사 'that'은 무조건 생략해도 좋다고 생각하는 것은 잘못된 것이다. 예를 들어

I could build the mansion is higher than the trees.
라고 하면 'the mansion'이 앞의 문장의 목적어인지 뒤 문장의 주어인지 명확하지가 않다. 그러므로 절대로 'that'을 생략해서는 안 된다.
그러나 생략해도 전혀 문제가 없는 경우는 'that'이 목적어로 사용되었을 때 혹은 완벽한 2개의 문장을 단순히 연결하고자 할 때, 'that' 절이 목적절로 사용되었을 때 등이다. 예를 들어

I want to show you this mobile phone (that) I bought yesterday.
위 문장은 뒤 문장 'bought'의 목적어가 'this mobile phone'이다. 그러므로 관계대명사 'that'이 생략되어도 문제가 없는 것이다.

You will never know that I still love you.

의역 -> 내가 여전히 당신을 사랑하고 있는 지는 당신은 결코 알게 되지 못할 거야.

이 문장에서 'that이하 절'은 앞의 문장 'know'의 목적어로 사용된 것이다. 즉 목적절인 것이다. 이럴 때도 완벽하게 뒤의 문장이 앞의 문장의 목적절임을 알 수 있으므로 종종 생략해서 사용한다.

You will never know I still love you.
라고 해도 되는 것이다. 하지만 이 문장의 경우는 보다 목적절을 명확하게 하기 위해서 위에서 보여준 예와는 다르게 가급적 **'that'**을 사용하는 것이 좋다.

이렇게 2개 이상의 문장을 연결하고자 할 때 복문장의 7가지 규칙이 있는데 그 중 5번 째 규칙인 **'Attached형'**이다. 이 형태의 이름은 필자가 이름을 붙인 것으로 일반적인 문법책에서 사용되는 것은 아니다.

(*필자가 발견한 복문장 7가지 규칙은 필자의 저서 '복문장 문장의 모든 것'에 다 나와 있다.)

2.9 Early in the morning

이 노래를 부른 클리프 리차드(Cliff Richard)는 영국을 대표하는 가수이며
비틀즈가 등장하기 전까지 영국팝을 점령하며
영국의 엘비스라고 불린 최고의 가수이다. 잘생긴 외모와 달콤한 목소리로
여성들에게 인기가 많았다. 1995년 기사 작위를 수여 받을 만큼 영국인들에게
사랑과 존경을 받고 있다. 수많은 정규 앨범과 영국팝, 가스펠, 로큰롤 등
다양한 종류의 음악을 했으며 영화에 출연하기도 하였다.
1969년 이화여대 강당에서 내한 공연을 갖은 바 있는데 이 때 청중 중
일부 여성들이 속옷을 무대에 던져 사회적으로 큰 이슈가 되기도 하였다.
"Early in the morning' 이 노래는 1970년 발표된 곡으로 임창영,
고소영 주연의 영화 '해가 서쪽에서 뜬다면'에 삽입되면서
국내에 본격적으로 알려졌다.

정통 팝송 스타일이지만 리듬은 비트가 다소 강하고 컨트리적인 요소와
GoGo 리듬의 중간쯤에 해당된다. 클리프 리차드의 달콤하고 부드러운
목소리가 호소력 있게 들린다. 춤을 추기에는 다소 느리고 발라드라고
하기에는 빠른 템포의 곡이다. 기타를 치면서 내지르는 창법으로 시원하게
부르면 노래의 맛을 살릴 수 있다.
반주와 편곡은 비교적 단순하고 멜로디와 클리프 리차드의 가창력이 노래를
이끌고 있다. 단순한 노래가 아니기 때문에 맛갈스럽게 부르기 위해서는
제법 연습을 해야 한다.
그러나 어느 정도만 해도 충분히 노래의 맛을 살릴 수 있다.
전체적으로 멜로디가 상행을 하고 후반부에는 빠른 템포의 느낌으로
자연스러운 부담되지 않은 고음의 영역에서 내지르듯이 부르면 되는 곡이다.
포크 기타를 칠 때는 오른손 바닥으로 음을 낸 다음의 줄에 갖다 대며
뮤트 시키면서 음을 끊어주면 노래의 맛을 더욱 살릴 수 있다.

2.9.A. 한글 부분

Early in the morning

하루 중 저녁 시간이에요
나는 할 말이 너무나 없는 걸 알게 되요
무엇을 해야 할지 모르겠어요 하지만 알게 되요
이른 아침이 되면
창문 너머로 새벽이 밝아오고
그 공기를 느낄 때면
난 삶은 나에게 멋진 것이라는 느낌이 들어요, 알잖아요
태양 아래서 노란 게 엄청 많아요
이른 아침 초원에 있는 것들이
오늘 당신이 오는 중이라고 내게 말하죠.
그러면 정말 당신은 집으로 올 거에요
밤은 나에게 상쾌하지가 않아요.
내 곁엔 아무 것도 없다는 걸 알게 되요
무엇을 해야 할지 모르겠어요. 하지만 알게 되요
이른 아침이 되면
아무 예고도 없이 정말 정말 이른 아침
다시 나에게 살금살금 다가오는
새로운 마음의 동요를 느낄 수 있어요
내 베개 위엔 한 마리 노래하는 새가 있지요.
난 슬피 우는 버드나무 속에서도 즐거움을 볼 수 있어요
난 태양을 볼 수 있어요
당신이 오고 있군요
당신은 정말로 집으로 올 거에요

2.9.A-1. 영작 1단계 – 문장 찾기와 여러 개로 구분하기

1	하루 중 저녁 시간이에요
2	나는 할 말이 너무 없다는 걸 알게 되요
3	무엇을 해야 할 지 모르겠어요
3-1	하지만 알게 되요
4	이른 아침이 되면
4-1	창문 너머로 새벽이 밝아오고
5	그 공기를 느낄 때면
5-1	난 느낌이 들어요
5-2	삶이 나에게 멋진 것이라는
5-3	알잖아요
6	태양 아래서 노란 게 엄청 많아요
7	이른 아침 초원에 있는 것들이 나에게 말해요
7-1	오늘 당신이 오는 중이라고
8	그러면 정말 당신은 집으로 올 거에요
9	밤은 나에게 상쾌하지가 않아요
10	내 곁엔 아무 것도 없는 걸 알게 되요
11	무엇을 해야 할 지 모르겠어요
11-1	하지만 알게 되죠
12	이른 아침이 되면
12-1	아무 예고도 없이 정말 정말 이른 아침 다시 나에게 살금살금 다가오는 새로운 마음의 동요를 느낄 수 있어요
13	내 베개 위에 한 마리 노래하는 새가 있지요
14	난 슬피 우는 버드나무 속에서 즐거움을 볼 수 있어요

15	난 태양을 볼 수 있어요
16	당신이 오고 있군요
17	당신은 정말로 집으로 올 거에요

2.9.A-2. 영작 2단계 – 주어, 동사 찾기와 동사의 시제 결정하기

1	하루 ~이에요	현재
2	나는 알게 되네요	현재
3	(난) 모르겠어요	현재
3-1	난 알게 되요	현재
4	이른 아침이에요	현재
4-1	새벽이 밝아오고	현재진행
5	(난) 느껴요	현재
5-1	난 느낌이 들어요	현재
5-2	삶이 ~에요	현재
5-3	알잖아요	현재
6	엄청 많아요	현재
7	것들이 말해요	현재
7-1	당신이 있어요(길 위에 – 오는 중이에요)	현재
8	당신은 집으로 올 거에요	미래진행
9	밤은 ~ 않아요	현재
10	난 알게 되요	현재
11	모르겠어요	현재
11-1	알게 되죠	현재
12	~ 되면	현재

12-1	(나는) 느낄 수 있어요	현재
13	새가 있지요	현재
14	난 볼 수 있어요	현재
15	난 볼 수 있어요	현재
16	당신이 있어요(길 위에 - 오는 중이에요)	현재
17	당신은 오는 중일 거에요	미래진행

2.9.A-3. 영작 3단계 - 문장의 형식 결정

1	하루 중 저녁 시간이에요	P2
2	나는 너무 없다는 걸 알게 되요	P3
3	무엇을 해야 할 지 모르겠어요	P3
3-1	하지만 알게 되요	P1
4	이른 아침이 되면	P2
4-1	새벽이 밝아오고	P1
5	그 공기를 느낄 때면	P3
5-1	난 느낌이 들어요	P3
5-2	삶이 멋진 것이라는	P2
5-3	알잖아요	P3
6	노란 게 엄청 많아요	P2
7	것들이 나에게 말해요	P4
7-1	당신이 있어요(길 위에 - 오는 중이에요)	P1
8	그러면 정말 당신은 집으로 올 거에요	P1
9	밤은 상쾌하지가 않아요	P2
10	난 아무 것도 없는 걸 알게 되요	P3
11	무엇을 해야 할 지 모르겠어요	P3
11-1	하지만 알게 되죠	P3
12	이른 아침이 되면	P2
12-1	새로운 마음의 동요를 느낄 수 있어요	P3
13	한 마리 노래하는 새가 있지요	P2
14	난 즐거움을 볼 수 있어요	P3
15	난 태양을 볼 수 있어요	P3
16	당신이 있어요(길 위에 - 오는 중이에요)	P1
17	당신은 정말로 올 거에요	P1

2.9.A-4. 영작 4단계 - 영어의 Pattern 순서로 위치 변경

no	S	V	C or O	O or C	P#
1	저녁	이에요	하루의 시간		2
2	나는	알게 되요	아무 것도 없는 것을	-많이 -할 말	3
3	나는	놀라요	무엇을 할 지		3
3-1	-그러나 나는	알게 되요			1
4	-때 가인칭	이에요	이른	-아침이에요	2
4-1	-창문 너머 날은	밝아오고 있어요			1
5	-때면 내가	느껴요	그 공기를		3
5-1	인생은	이에요	너무 멋져요	-나에게	2
6	-태양 아래서 가인칭	이에요	노란 게 너무 많아요		2
7	어떤 것들이 -이른 아침 초원에	말해요	나에게	7-1	4
7-1	-오늘 당신은	있어요	-길 위에	(오는 중이에요)	1
8	-그러면 당신은	오는 중일 거에요	-집으로	-나에게	1

9	밤시간은	이지 않아요	상쾌	-나에게	2
10	난	알게 되요	아무 것도 없는 것을	-곁에 -나의	3
11	나는	모르겠어요	무엇을 할 지		3
11-1	-그러나 나는	알게 되요			1
12	-때 가인칭	이에요	이른 아침이에요		2
12-1	-정말 정말 이른 아침 -아무 예고도 없이 나는	느낄 수 있어요	새로운 마음의 동요를	-살금살금 다가오는 -나에게 -다시	3
13	가인칭	있어요	한마리 노래하는 새가	-내 베개 위에	2
14	나는	볼 수 있어요	즐거움을	-슬피 우는 -버드나무 속에서	3
15	나는	볼 수 있어요	태양을		3
16	당신이	있어요	-길 위에 (오는 중이에요)		1
17	당신은	정말로 올 거에요	-집으로		1

2.9.B. 영어 부문

Early in the morning

Evening is the time of day
I find nothing much to say
Don't know what to do, but I come to
When it's early in the morning
over by the windows day is dawning
When I feel the air
I feel that life is very good to me, you know
In the sun there's so much yellow
Something in the early morning meadow
tells me that today you are on your way
And you'll be coming home, home to me.
Night time isn't clear to me
I find nothing near to me
Don't know what to do, but I come to
When it's early in the morning
very, very early without warning
I can feel a newly born vibration
sneaking up on me again
There's a songbird on my pillow
I can see the fun in weeping willow
I can see the sun
You're on your way
You'll be coming home.

(* 읽기 목표 시간 – 50 초)

2.9.B-1. 번역 1단계 - 문장 구분하기

1	Evening is the time of day
2	I find nothing much to say
3	Don't know what to do
3-1	but, I come to
4	When it's early in the morning
4-1	over by the window day is dawning
5	When I feel the air
5-1	I feel that
5-2	life is very good to me
5-3	you know
6	In the sun there's so much yellow
7	Something in the early morning meadow tells me that
7-1	today you are on your way
8	And you'll be coming home, home to me.
9	Night time isn't clear to me
10	I find nothing near to me
11	Don't know what to do
11-1	but I come to
12	When it's early in the morning
12-1	very, very early without warning I can feel a newly born vibration sneaking up on me again
13	There is a songbird on my pillow
14	I can see the fun in weeping willow
15	I can see the sun
16	You're on your way
17	You'll be coming home

2.9.B-2 번역 2단계 - 주어, 동사 찾기와 동사의 시제 파악

1	Evening is	현재
2	I find	현재
3	(I) Don't know	현재
3-1	but, I come to	현재
4	When it's	현재
4-1	day is dawning	현재진행
5	When I feel	현재
5-1	I feel	현재
5-2	life is	현재
5-3	you know	현재
6	there is	현재
7	Something tells	현재
7-1	you are	현재
8	you'll be coming	미래진행
9	Night time isn't	현재
10	I find	현재
11	(I) Don't know	현재
11-1	but I come to	현재
12	When it is	현재
12-1	I can feel	현재
13	There is	현재
14	I can see	현재
15	I can see	현재
16	You're	현재
17	You'll be coming home	미래진행

2.9.B-3. 번역 3단계 - 문장의 형식 파악

1	Evening is the time of day	P2
2	I find nothing	P3
3	Don't know what to do	P3
3-1	but, I come to	P1
4	When it's early	P2
4-1	day is dawning	P1
5	When I feel the air	P3
5-1	I feel that	P3
5-2	life is very good	P2
5-3	you know	P3
6	there's so much yellow	P2
7	Something tells me that	P4
7-1	you are	P1
8	And you'll be coming	P1
9	Night time isn't clear	P2
10	I find nothing	P3
11	Don't know what to do	P3
11-1	but I come to	P1
12	When it's early	P2
12-1	I can feel a newly born vibration	P3
13	There is a songbird	P2
14	I can see the fun	P3
15	I can see the sun	P3
16	You're	P1
17	You'll be coming home	P1

2.9.B-4. 번역 4단계 - 복문장의 경우 문장과 문장간의 관계 파악

3 Pr	I don't know what to do	
3-1	but, I come to	1문장에 이어지는 문장
4 It	When it is early in the morning	
4-1	over by the windows day is dawning	4문장의 조건에 대한 결과의 문장
5 It- Fp33	When I feel the air	
5-1	I feel that	5문장 조건에 대한 결과의 문장
5-2	life is very good to me	5-1문장 feel의 목적어 문장
7 Fp44	Something in the early morning meadow tells me that	
7-1	today you are on your way	7문장 동사 tell에 대한 직접목적어 4형식일 경우 간접목적어, 직접목적어 2개가 오는데 직접목적어 대신 7-1 문장이 온 것이다. '직접목적절' 이라고 할 수 있다.
11 Pr	I don't know what to do	
11-1	but I come to	3문장처럼 11문장에 이은 연결 문장
12 It	When it's early in the morning	
12-1	very, very early without warning I can feel a newly born vibration sneaking up on me again	12문장의 조건에 대한 결과의 문장

- Pr(Process형) ; 발생한 시간의 순서대로 나열한 문장
- It(If-then) ; 조건의 문장이 먼저 나오고 뒤에 그 결과의 문장이 나옴 Dw의 반대형
- It-Fp33(If-then – Five pattern 3rd of #3) ; 조건의 문장이 앞에 오고 뒤에 결과의 문장이 있는데 그 결과의 문장이 3형식이고 목적어 자리에 문장이 온 형태
- Fp44(Five Pattern 4형식 4번째 자리) ; 4형식 직접목적어(혹은 2번째 목적어) 자리에 문장이 왔음 (직접목적절)

2.9.B-5. 번역 5단계 - Pattern의 순서로 분리

no	S	V	C or O	O or C	P#
1	**Evening**	*is*	the time of day		2
2	**I**	*find*	nothing	-much -to say	3
3	**(I)**	*Don't know*	what to do		3
3-1	-but **I**	*come to*			1
4	-when **it**	*is*	early	-in the morning	2
4-1	-over by the window **day**	*is dawning*			1
5	**I**	*feel*	that(5-1)		3
5-1	**life**	*is*	very good	-to me	2
5-3	**you**	*know*			3
6	-in the sun **there**	*is*	so much		2
7	**Something** -in the early morning meadow	*tells*	me	that(7-1)	4
7-1	-today **you**	*are*		-on your way	1
8	-and **you**	*will be*	home	-to me	1

		coming		
9	**Night time**	*isn't*	*clear*	-to me	2
10	**I**	*find*	*nothing*	-near -to me	3
11	**(I)**	*Don't know*	*what to do*		3
11-1	-but **I**	*come to*			1
12	-when **it**	*is*	*early*	-in the morning	2
12-1	-very, very early -without warning **I**	*can feel*	*a newly born vibration*	-sneaking up -on me -again	3
13	**There**	*is*	*a songbird*	-on my pillow	2
14	**I**	*can see*	*the fun*	-in weeping willow	3
15	**I**	*can see*	*the sun*		3
16	**You**	*are*	-on your way		1
17	**You**	*will be coming*	home		1

2.9.C. 문장 분석

Something in the early morning meadow tells me that today you are on your way.
의역 -> 이른 아침 초원에 있는 것들이 오늘 당신이 오는 중이라고 나에게 말해요
(주어 + 동사 + 제1목적어(간접목적어) + 제2목적어(직접목적어) P4-현재형)

2개의 문장으로 구성
위의 문장에서 제2목적어 자리에 2번째 문장이 온 것이다.

(1) 번 문장
Something tells me that
직역 -> 어떤 것들이 나에게 that을 말해요

이 문장에서 보듯이 (in the early morning meadow)는 something이 속해 있는 내용을 설명한다. 영어에서 제일 중요한 것은 단어를 나열하는 순서이며 그 다음으로 중요한 것은 단어의 위치이다. (~)에 있는 문장이 me 다음에 오면 즉

~~~ tells me in the early morning meadow

'이른 아침 초원에 있는 나에게'의 뜻이 된다.
또 문장의 끝에 위치하게 되면 '

~~~ you are on your way in the early morning meadow.
이른 아침 초원에 있는 길로 당신이 오고 있군요'의
뜻이 된다.

이처럼 단어의 위치에 따라 의미가 변하게 되므로 단어의 위치는 순서 다음으로 중요한 것이다.
(2) 번 문장

That today you are on your way.
직역 -> 오늘 당신은 당신의 길 위에 있습니다.
의역 -> 오늘 당신은 오는 중이군요.

'that'은 (1)번 문장 'tells'의 2번째 목적어로 사용되고 다시 (2)번 문장이 'that'을 의미한다.
원래 이 문장은

You are on your way today.
라고 해서 'today'는 문장의 끝에 위치하여야 하지만 'today'를 강조하기 위해서 문장의 앞에 위치한 것이다.
이 문장의 의미는 '오는 중이다'라는 표현이다. 예를 들어

I am on my way. 라고 하면
'나는 가는 중이에요'의 뜻이 된다.

I am on my way to home.
'저 지금 집에 가는 중이에요'
가 된다.

2.10 Release me

컨트리 가수 지미 하프가 1954년 불러서 그 해 빌보드 5위까지 올라간 곡이었는데 1967년 영국의 잉글버트 험퍼딩크(Engelbert Humperdinck)가 리메이크한 것이 미국에서도 밀리언셀러가 되면서 그는 세계적인 팝가수가 되었다. 탐 존스(Tom Jones)와 더불어 쌍벽을 이루는 영국의 대표가수로 손 꼽힌다. 탐 존스보다 더 잘생긴 외모와 부드럽고 개성 있는 호소력 짙은 목소리로 여성 팬들로부터 많은 인기를 얻고 있다. 특히 그의 노래들은 대부분 7080 세대가 즐겨 부르는 노래에 속한다. 록크앤롤(Rock & Roll)이 감상하고 춤을 추는 것을 위한 것이라면 그의 노래는 부르기 위한 노래가 많다.

잉글버트 험퍼딩크는 인도 마드라스 출생으로 본명은 Arnold George Dorsey이며 영국의 클럽에서 활동할 때 독일의 유명한 오페라 작곡자의 이름을 따서 지금의 이름으로 바꾸어 부르기 시작했다. 어린 시절 영국으로 이주한 후 어렸을 때부터 색소폰을 배우고 고교시절에는 밴드를 결성하여 활동하는 등 일찍부터 음악에 소질을 보이며 음악의 길을 걷기 시작하였다. 그의 부드러운 발라드 팝송들은 여성들에게 특히 인기가 많다.

이 곡과 더불어 세계적으로 알려지고 우리나라에서도 많이 불리는 7080을 대표하는 또 하나의 곡이 'Am I that easy to forget'이다. 세계적인 명성을 얻은 후 미국으로 와서 주로 활동하였으며 나중에는 그의 이름을 딴 TV show 'The Engelbert Humperdinck Show'가 있었다.

Release me 이 곡은 전형적인 느린 템포의 Slow GoGo 리듬의 발라드 곡이다. 이 곡 때문에 잉글버트 험퍼딩크는 팝발라드 가수라고 불린다. 셔플(shuffle) 리듬이 살짝 가미된 반주로 인해 이 음악은 더 부드럽게 들린다. 그의 노래는 약간 허스키하면서 달콤하고 부드러운 매력이 있다. 성량이 풍부하고 저음의 굵직한 음성이 남성적 매력을 더 해준다.

다른 노래와 달리 이 노래는 처음부터 고음에서 시작하면서 멜로디가 아래 음으로 하행하면서 호소를 시작한다. 그러다 애잔한 목소리로 애걸하는 듯 달콤하게 속삭인다. 후반부에 가면 한 음을 올려(장2도) 보다 적극적으로 성량도 풍부하게 열창을 한다. 점점 호소력이 강력해 지는 느낌을 준다. 이 노래를 잘 하려면 이처럼 처음 부분은 부드럽게 시작하다가 후반부로 갈수록 열창을 해야 한다. 그리고 고음부분은 곱게 그리고 깔끔하게 음정을 틀리거나 끌지 말고 불러야 더욱 노래의 맛을 살릴 수 있다. 열창하는 느낌을 주면 남자에게는 더욱 멋있게 보일 수 있다.

2.10.A 한글 부분

Release me

날 놓아주세요
저를 가게 해 주세요.
난 더 이상 당신을 사랑하지 않거든요
우리의 삶을 낭비하는 것은
죄가 될 거에요.
날 놓아 주세요
그래서 내가 다시 사랑하게 해 주세요.

난 새로운 사랑을 찾았어요
그래서 난 늘 그녀가
내 곁에 있길 항상 원하게 될 거에요.
당신의 입술은 차가운 동안에도
그녀의 입술은 따뜻해요.
제발 날 놓아주세요
사랑하는 이여, 내가 가도록 해 주세요.

제발 날 놓아주세요.
이해할 수 없어요?
날 잡아두는 당신은 바보가 될 거라는 것을
거짓으로 사는 것이
우리에게 고통을 가져다 준다는 것을
그러니 날 놓아주세요
그리고 내가 다시 사랑을 하게 해 주세요

2.10.A-1. 영작 1단계 - 문장 찾기와 여러 개로 구분하기

1	날 놓아주세요
2	저를 가게 해 주세요
3	난 더 이상 당신을 사랑하지 않거든요
4	우리의 삶을 낭비하는 것은 죄가 될 거에요
5	날 놓아주세요
6	그래서 내가 다시 사랑하게 해 주세요
7	난 새로운 사랑을 찾았어요
8	그래서 난 늘 그녀가 내 곁에 있길 항상 원하게 될 거에요
9	당신의 입술은 차가운 동안에도
9-1	그녀의 입술은 따뜻해요
10	제발 날 놓아주세요
11	내가 가도록 해 주세요
12	제발 날 놓아주세요
13	이해할 수 없어요?
13-1	날 잡아두는 당신은 바보가 될 거라는 것을
13-2	거짓으로 사는 것이 우리에게 고통을 가져다 준다는 것을
14	그러니 날 놓아주세요
15	그리고 내가 다시 사랑을 하게 해 주세요

2.10.A-2. 영작 2단계 – 주어, 동사 찾기와 동사의 시제 결정하기

1	(당신은) 놓아주세요	현재
2	(당신은) 해 주세요	현재
3	난 사랑하지 않거든요	현재
4	낭비하는 것은 될 거에요 (*우리말은 미래지만 영어로는 가정법과거로 사용하여 과거의 시제를 사용한다.)	과거
5	(당신은) 놓아주세요	현재
6	(당신은) 해 주세요	현재
7	난 찾았어요	현재완료
8	난 원하게 될 거에요	미래
9	당신의 입술은 ~에요	현재
9-1	그녀의 입술은 ~에요	현재
10	(당신은) 놓아주세요	현재
11	(당신은) 해 주세요	현재
12	(당신은) 놓아주세요	현재
13	이해할 수 없어요?	현재
13-1	당신은 될 거라는 것을 (*우리말은 미래지만 영어로는 가정법과거로 사용하여 과거의 시제를 사용한다.)	과거
13-2	사는 것이 가져다 준다는 것을 (*우리말은 미래지만 영어로는 가정법과거로 사용하여 과거의 시제를 사용한다.)	과거
14	(당신은) 놓아주세요	현재
15	(당신은) 하게 해 주세요	현재

2.10.A-3. 영작 3단계 – 문장의 형식 결정

1	날 놓아주세요	P3
2	저를 가게 해 주세요	P5
3	난 당신을 사랑하지 않거든요	P3
4	우리의 삶을 낭비하는 것은 죄가 될 거에요	P2
5	날 놓아주세요	P3
6	그래서 내가 다시 사랑하게 해 주세요	P5
7	난 새로운 사랑을 찾았어요	P3
8	난 그녀가 내 곁에 있길 항상 원하게 될 거에요	P3
9	당신의 입술은 차가운 동안에도	P2
9-1	그녀의 입술은 따뜻해요	P2
10	제발 날 놓아 주세요	P3
11	내가 가도록 해 주세요	P5
12	제발 날 놓아주세요	P3
13	이해할 수 없어요?	P3
13-1	당신은 바보가 될 거라는 것을	P2
13-2	거짓으로 사는 것이 우리에게 고통을 가져다 준다는 것을	P4
14	날 놓아주세요	P3
15	내가 다시 사랑을 하게 해 주세요	P5

2.10.A-4. 영작 4단계 - 영어의 Pattern 순서로 위치 변경

no	S	V	C or O	O or C	P#
1	-제발 (당신은)	놓아주세요	나를		3
2	(당신은)	해 주세요	내가	가게	5
3	-때문이 나는	사랑하지 않아요	당신을	-더 이상	3
4	낭비하는 것 -우리의 삶을	될 거에요	죄가		2
5	(당신은)	놓아주세요	나를		3
6	(당신은)	해 주세요	내가	사랑하게 -다시	5
7	나는	찾았어요	새로운 사랑을	-사랑하는 이여	3
8	-그리고 나는	원하게 될 거에요	그녀를	-가까이	3
9	그녀의 입술은	~에요	따뜻해요		2
9-1	-동안에 당신의 것은 (입술)	~에요	차가워요		2
10	-제발 (당신은)	놓아주세요	나를		3

11	-사랑하는 이여 (당신은)	해 주세요	내가	가게	5
12	-제발 (당신은)	놓아주세요	나를		3
13	당신은	이해할 수 없어요?			3
13-1	당신은	된다는	바보가	-잡아두는 -나를	2
13-2	사는 것이 -우리의 삶을	가져다 줄 거에요	우리에게	고통을	4
14	-그래서 (당신은)	놓아주세요	나를		3
15	-그리고 (당신은)	해 주세요	내가	사랑하게 -다시	5

2.10.A. 영어 부문

Release me

Please release me
Let me go
For I don't love you anymore
To waste our lives would be a sin
Release me
And let me love again

I have found a new love, Dear
And I will always want her near
Her lips are warm while yours are cold
Please release me
My darling, let me go

Please release me
Can't you see?
You'd be a fool to cling to me
To live a lie would bring us pain
So release me
And let me love again

(* 읽기 목표 시간 - 30 초)

2.10.B-1. 번역 1단계 - 문장 구분하기

1	(You) Release me
2	(You) let me go
3	For I don't love you anymore
4	To waste our lives would be a sin
5	(you) Release me
6	And let me love again
7	I have found a new love
8	And I will always want her near
9	Her lips are warm
9-1	while yours are cold
10	(You) Release me
11	My darling, (you) let me go
12	(You) Release me
13	Can't you see?
13-1	you'd be a fool to cling to me
13-2	to live a lie would bring us pain
14	So (you) release me
15	And let me love again

2.10.B-2 번역 2단계 - 주어, 동사 찾기와 동사의 시제 파악

1	(You) Release	현재
2	(You) let	현재
3	I don't love	현재
4	To waste our lives would be	과거
5	(you) Release	현재
6	And let	현재
7	I have found	현재완료
8	And I will always want	미래
9	Her lips are	현재
9-1	while yours are	현재
10	(You) Release	현재
11	(you) let me go	현재
12	(You) Release	현재
13	Can't you see?	현재
13-1	you would be	과거
13-2	to live a lie would bring	과거
14	So (you) release	현재
15	And let	현재

2.10.B-3. 번역 3단계 - 문장의 형식 파악

1	(You) Release me	P3
2	(You) let me go	P5
3	For I don't love you anymore	P3
4	To waste our lives would be a sin	P2
5	(you) Release me	P3
6	And let me love again	P5
7	I have found a new love	P3
8	And I will always want her near	P3
9	Her lips are warm	P2
9-1	while yours are cold	P2
10	(You) Release me	P3
11	(You) let me go	P5
12	(You) Release me	P3
13	Can't you see?	P3
13-1	you'd be a fool	P2
13-2	to live a lie would bring us pain	P4
14	So (you) release me	P3
15	And let me love again	P5

2.10.B-4. 번역 4단계 - 복문장의 경우 문장과 문장간의 관계 파악

9 **Dw**	Her lips are warm	
9-1	while yours are cold	9문장에 대한 조건을 뒤의 문장에서 설명
13 **Fp33 -Pr**	Can't you see?	
13-1	you'd be a fool to cling to me	13문장 see의 목적어 문장 see의 목적절
13-2	to live a lie would bring us pain	13문장 see의 2번째 목적어 문장 see의 2번째 목적절

- Dw(Do while) ; 결론을 먼저 말하고 뒤의 문장에서 보충적 설명하는 형태
- Fp33-Pr(Five pattern 3rd of #3 – Process) ; 3형식 목적어 자리에 문장(목적절)이 왔는데 그 문장이 대등한 2개의 문장으로 이루어짐

2.10.B-5. 번역 5단계 - Pattern의 순서로 분리

no	S	V	C or O	O or C	P#
1	Please (you)	release	me		3
2	(you)	Let	me	go	5
3	-For I	don't love	you	-any more	3
4	To waste -our lives	would be	a sin		2
5	(You)	Release	me		3
6	(You)	Let	me	love -again	5
7	I	have found	a new love	-dear	3
8	-And I	will -always want	her	-near	3
9	Her lips	are warm			2
9-1	-while your	are	cold		2
10	-Please (you)	release	me		3
11	-My darling (you)	let	me	go	5

12	-Please (you)	release	me		3
13	Can't you	see	13-1 13-2		3
13-1	you	would be	a fool	-to cling to -me	2
13-2	to live -a lie	would bring	us	pain	4
14	-So (you)	release	me		3
15	-And (you)	let	me	love -again	5

2.10.C. 문장 분석

Her lips are warm while yours are cold.
의역 -> 당신의 입술이 차가울 동안 그녀의 입술은 따뜻합니다.
(주어 + 동사 + 보어 ;P2-현재형) + (주어 + 동사 + 보어 ; P2-현재형)

2문장으로 구성

우리말로 하면 뒤의 문장부터 시작해서 앞의 문장으로 끝난다. 영어와 반대의 순서로 문장이 나열된다. 이렇게 영어에서는 2개 이상의 단문장을 연결할 때 우리말과 다른 순서를 갖는다. 그 근본적인 나열의 개념은 중요한 순이다.
중요하다는 것은 상대방에게 메시지를 전달하고자 할 때 어느 문장이 상대방이 더 궁금해 하느냐는 관점이다. 여기서는 상대방에게 전달하고자 하는 메시지는 앞의 문장

'그녀의 입술은 따뜻합니다'
이다.

뒤의 문장인 '당신의 입술이 차가울 동안'은 앞의 문장에 대한 어떤 조건이다. 그러므로 중요하다는 의미는 뒤의 문장을 제거하고 앞의 문장으로도 원하는 메시지를 전달할 수 있다는 뜻이다. 다시 말해 앞의 문장을 제거하고 뒤의 문장만 말하면 원하는 전달하고자 하는 메시지가 아니다.

우리말을 끝까지 들어봐야 한다고 하는 것은 바로 이러한 문장의 순서 때문이다. 우리말은 보통 전달하고자 하는 속마음을 뒤에서 나열하는 경향이 강하기 때문에 앞의 말만 들어서는 결론을 알 수가 없다. 그래서 우리말은 끝까지 들어봐야 한다고 하는 말이 나온 것이다.

이러한 문장의 형태는 필자가 발견하고 주장하는 복문장에서 단어를 나열하는 7가지 규칙 중 4번째 형태인 'Do-While형'이다. 이 형태는 조건의 문장을 뒤에서 말하고 결론의 문장을 앞에 두는 형태이다. 이러한 순서의 규칙이 영어 문장에 있어서 기본형이라고 할 수 있다.

이와 반대되는 형태가 'If-Then형'이다. 먼저 조건을 말하고 그 조건에 따른 결과의 문장을 나열하는 것이다. 이러한 형태는 그 조건이 대단히 중요하기 때문이다.

'if'로 시작하는 가정법의 문장과 같은 형태를 말한다. 이 것은 조건의 전제에 따라 뒤에 오는 문장의 성격이 좌우되기 때문에 반드시 그 조건을 먼저 알아야 하는 경우이다.

2.11 Tennessee waltz

Patti Page가 불러 히트 시킨 첫 번째 아름다운 왈츠곡이다. 그녀가 부른 곡들은 유독 왈츠 리듬이 많다. 오크라호마 태생의 그녀는 고등학교 시절부터 노래를 잘하여 활동하다 이 곡으로 데뷔를 하면서 이름을 알리게 된다.
그 다음 두 번째 발표한 곡이 Changing Partners이고 그 후
'I want to your wedding', 'Mocking bird hill', 'Doggie in the window',
'Try to remember', 'Moon River' 등 많은 히트곡을 불렀다.
특히 왈츠풍의 노래를 많이 불러 '왈츠의 여왕'이라고 불린다. 부드럽고 섬세한 목소리와 상냥한 톤이 밝은 노래와 아주 어울린다. 특히 군인들이 그녀의 노래를 많이 좋아했다.
이 곡은 1946년 Pee Wee King에 의해서 작곡되고 그 다음해 패티 페이지가 불러서 1950년 밀리온 셀러를 기록하게 될 만큼 크게 성공한다. 이 노래는 1965년 미국의 테네시주를 상징하는 공식 노래가 된다.
컨트리음악의 본고장인 내쉬빌로 향하던 Pee Wee King은 리무진 안에서 Kentucky Waltz'라는 곡을 라디오에서 듣고 이 노래를 구상하게 되었다고 한다.
이 노래는 전형적인 왈츠풍이므로 4분의 3박자이다. 4분의 3박자의 곡들은 4분의 4박자에 비하여 한 박자가 부족하기 때문에 단조로운 느낌을 준다.
그래서 오히려 노래를 부르는 입장에서 더욱 부담스러울 수 있다.
패티 페이지는 아주 부드럽고 깨끗한 목소리로 자기만의 음색을 만들어 개성 있고 아름다운 노래를 탄생 시킨다. 특히 이 노래는 멜로디 뒤에 2명의 코러스가 있는데 패티 페이지 본인이 다 부른 것이다. 당시는 매우 특이했던 기술적 시도였는데 멀티 트랙을 이용해 따로 불러서 합성을 한 것이다. 중간 간주 부분에 보면 얼핏 무슨 악기인지 금방 구별이 가지 않는 악기가 솔로로 연주를 하는 부분이 있는데 이 악기는 트럼펫이다. 트럼펫은 매우 강력한 금관 악기로 주로 고음의 날카로운 음색인데 여기서는 매우 부드럽게 들리는데 그 이유는 뮤트 주법으로 연주하기 때문이다. 트럼펫의 앞 부분 소리가 나가는 부분을 뚜껑으로 덮어 소리를 내면 이러한 강력한 소리가 부드러워지고 작아진다. 덮었다 떼었다 하면서 음량이나 음색을 조절하면서 연주하기도 한다.
이 노래는 재즈에서도 곧잘 연주가 되기도 하는데 그 때는 왈츠가 아닌 스윙이나 보사노바 등 다른 리듬으로 바꾸어 편곡을 해서 불러도 아주 멋진 음악이다.

2.11.A. 한글 부분

Tennessee Waltz

난 내 연인과
테네시 월츠에 맞추어
춤을 추고 있었어요.

그 때 난 옛 친구를 보았고
그녀에게 내 사랑 받는 연인을
소개 시켜주었지요

그들이 춤을 추고 있는 동안에
내 친구는 내 연인을
빼앗아 갔어요.
난 그 밤과 테네시월츠가 기억나요.
지금 난 내가 얼마나
많은걸 잃은 건지 알고 있어요.
그래요 난 그 아름다운 테네시 월츠가
연주되던 그 밤에
나의 사랑하는 연인을 잃었어요.

2.11.A-1. 영작 1단계 - 문장 찾기와 여러 개로 구분하기

1	난 내 연인과 테네시 왈츠에 맞추어 춤을 추고 있었어요
2	그 때 난 옛 친구를 우연히 보았고
2-1	난 내 사랑 받는 그에게 그녀를 소개시켜 주었지요
3	그리고 그들이 춤을 추는 동안
3-1	나의 친구는 내 연인을 나로부터 빼앗아 갔어요
4	난 그 밤과 테네시 왈츠가 기억나요
5	지금 난 알고 있어요
5-1	내가 얼마나 많은 걸 잃은 건지
6	그래요, 난 나의 사랑하는 작은 연인을 잃었어요
7	그날 밤 그들은 아름다운 그 테네시 왈츠가 연주되고 있었어요

2.11.A-2. 영작 2단계 - 주어, 동사 찾기와 동사의 시제 결정하기

1	난 춤을 추고 있었어요	과거진행
2	그 때 난 우연히 일어났어요	과거
2-1	난 소개시켜 주었지요	과거
3	그리고 그들이 춤을 추는 동안	과거진행
3-1	나의 친구는 빼앗아 갔어요	과거
4	난 기억나요	현재
5	지금 난 알고 있어요	현재
5-1	내가 잃은 건지	현재완료
6	그래요, 난 잃었어요	과거
7	그날 밤 그들은 연주하고 있었어요	과거진행

2.11.A-3. 영작 3단계 – 문장의 형식 결정

1	난 춤을 추고 있었어요	P1
2	그 때 우연히 보았고	P3
2-1	난 그녀를 소개시켜 주었지요	P3
3	그리고 그들이 춤을 추는 동안	P1
3-1	나의 친구는 내 연인을 빼앗아 갔어요	P3
4	난 그 밤과 테네시 왈츠가 기억나요	P3
5	지금 난 알고 있어요	P3
5-1	내가 얼마나 많은 걸 잃은 건지	P3
6	그래요, 난 나의 사랑하는 작은(귀여운) 연인을 잃었어요	P3
7	그날 밤 그들은 아름다운 그 테네시 왈츠를 연주하고 있었어요	P3

2.11.A-4. 영작 4단계 - 영어의 Pattern 순서로 위치 변경

no	S	V	C or O	O or C	P#
1	난	춤을 추고 있었어요	-내 연인과	-테네시 월츠에 맞추어	1
2	-그때 -옛 친구 난	-우연히 생겼어요	보는 것이		3
2-1	난	소개시켰지요	그녀를	-내 사랑 받는 그에게	3
3	-그리고 -동안에 그들이	춤을 추고 있는			1
3-1	나의 친구는	빼앗어요	나의 연인을	-나로부터	3
4	나는	기억해요	그 날밤 그리고 테네시 왈츠를		3
5	-지금 난	알아요	5-1		3
5-1	-정말 -얼마나 많이 내가	잃은 건지			3
6	-그래요 난	잃었어요	나의 작은 연인을		3
7	-그날밤 그들은	연주하고 있었어요	아름다운 그 테네시 왈츠를		3

2.11.B 영어 부문

Tennessee waltz

I was dancing with my darling
to the Tennessee Waltz
When an old friend I happened to see
I introduced her to my loved one
And while they were dancing
my friend stole my sweetheart from me

I remember the night
And the Tennessee Waltz
Now I know just how much I have lost
Yes, I lost my little darling
The night they were playing
The beautiful Tennessee Waltz

(* 읽기 목표 시간 - 30 초)

2.11.B-1. 번역 1단계 - 문장 구분하기

1	I was dancing with my darling to the Tennessee Waltz
2	When an old friend I happened to see
2-1	I introduced her to my loved one
3	And while they were dancing
3-1	my friend stole my sweetheart from me
4	I remember the night the Tennessee Waltz
5	Now I know
5-1	just how much I have lost
6	Yes, I lost my little darling
7	The night they were playing the beautiful Tennessee Waltz

2.11.B-2 번역 2단계 - 주어, 동사 찾기와 동사의 시제 파악

1	I was dancing	과거진행
2	When an old friend I happened	과거
2-1	I introduced	과거
3	And while they were dancing	과거진행
3-1	my friend stole	과거
4	I remember	현재
5	Now I know	현재
5-1	just how much I have lost	현재완료
6	Yes, I lost	과거
7	The night they were playing	과거진행

2.11.B-3. 번역 3단계 - 문장의 형식 파악

1	I was dancing	P1
2	I happened to see	P3
2-1	I introduced her	P3
3	And while they were dancing	P1
3-1	my friend stole my sweetheart	P3
4	I remember the night the Tennessee Waltz	P3
5	Now I know	P3
5-1	just how much I have lost	P3
6	Yes, I lost my little darling	P3
7	The night they were playing the beautiful Tennessee Waltz	P3

2.11.B-4. 번역 4단계 - 복문장의 경우 문장과 문장간의 관계 파악

2 It	When an old friend I happened to see	
2-1	I introduced her to my loved one	2문장 조건에 대한 결과의 문장
3 It	While they were dancing	
3-1	my friend stole my sweetheart	3문장 조건에 대한 결과의 문장
5 Fp33	Now I know	
5-1	Just how much I have lost	5문장 'know의 목적어 문장 즉 목적절

- It(If-then형) ; 조건의 문장이 먼저 나오고 뒤에 그 결과의 문장이 나옴 Dw의 반대형
- Fp33(Five pattern 3rd of #3) ; 3형식 목적어에 문장이 온 형태 (목적절)

2.11.B-5. 번역 5단계 - Pattern의 순서로 분리

no	S	V	C or O	O or C	P#
1	I	was dancing	-with my darling	-to the Tennessee Waltz	1
2	-When -old friend I	happened	to see		3
2-1	I	introduced	her	-to my loved one	3
3	-And -while they	were dancing			1
3-1	my friend	stole	my sweetheart	-from me	3
4	I	remember	the night -and the Tennessee Waltz		3
5	-Now I	know	5-1		3

5-1	-just -**how much** **I**	**have lost**	*의문문이기 때문에 목적어 'how much'가 문장의 앞에 위치		3
6	-Yes, **I**	**lost**	**my little darling**		3
7	-the night **they**	**were playing**	**the beautiful Tennessee Waltz**		3

2.11.C. 문장 분석

I was dancing with my darling to the Tennessee Waltz.
(주어 + 동사 ; P1-과거진행)
의역 -> 난 테네시 왈츠에 맞추어 나의 사랑하는 사람과 왈츠를 추고 있었지요.

이 문장은 보통의 문장과 약간 다른 부분이 있다. 보통은

I was dancing to the Tennessee Waltz with my darling.

이렇게 '음악과 춤'이 서로 관련성이 있기 대문에 이런 순으로 해야 하지만 여기서는 자기 애인과 춤을 추는 것이 훨씬 중요한 포인트이기 때문에 순서를 바꾸어 문장을 만든 것이다. 영어 문장 구성의 개념은 중요한 순서로 단어를 나열하는 것이다. 여기서 중요하다는 의미는 말하는 화자 즉 주어가 느끼는 중요한 것이 아니라 듣는 사람 청자가 궁금해 여기는 순서라는 것이다. 그래서 영어는 뒤에서부터 단어를 삭제하여도 전체적으로 의사를 전달하는 데는 크게 무리가 없다.
반대로 말하면 앞에서부터 듣고 뒷부분을 못 들어도 중요한 문장의 의미를 파악하는 데는 무리가 없다는 뜻이다. 우리말은 자기가 진짜 하고 싶은 말은 즉 감정을 전달하는 내용은 마지막에 하는 경향이 있다.

While they were dancing my friend stole my sweetheart from me.
(주어 + 동사 ; P1-과거진행) + (주어 + 동사 + 목적어 ; P3-과거)
의역 -> 그들이 춤을 추고 있는 동안 내 친구가 나에게서 나의 애인을 빼앗아 버렸어요.)

2문장으로 구성

   (2)번 문장
   While they were dancing.

의역 -> 그들이 춤을 추고 있는 동안에

과거진행의 시제로 문장의 앞에 'while'이 있다. 즉 '~ 동안에'의 뜻으로 반드시 'while' 뒤에는 문장이 와야 한다. 'during'도 '~동안에'의 뜻이지만 'during' 뒤에는 문장이 아니라 단어 혹은 구(2개 이상의 단어로 구성되어 하나의 뜻을 지닌 말로 문장이 아님)가 와야 한다. 만일 'while' 뒤에 문장이 아니라면 그건 틀림없이 '주어', '동사'가 생략된 것으로 보아야 한다.

또 한가지는 이러한 'while 문장'은 복문장에서 문장의 앞에 오는 게 아니라 뒤에 와야 한다. 즉 앞에 메시지를 전달하고자 하는 문장이 오고 그 뒤에 그 조건이 되는 'while 문장' 와야 한다. 그러므로 지금처럼 'while 문장'이 앞에 왔다면 강조가 하고 싶은 것이다.
이러한 'while 문장'이 대표적인 복문장에서 'Do-While형'이다. 앞의 문장에서 결론, 하고 싶은 말의 문장이 먼저 나오고 그의 조건에 해당하는 문장이 뒤에 오는 것이다.

(필자 저술 도서 '복문장의 모든 것' 중 복문장의 7가지 법칙 중 4번째 참조)

2.12 Over and Over

이 노래는 원래 러시아 유대인 민요 '툼발라라이카(Tumbalalaika)이다.
'발라라이카'라는 말은 이디시어로 '춤을 춥시다'라는 뜻이라고 한다.
이 음악을 그리스의 크레타 지역 출신이며 그리스를 대표하는 여자 가수
'나나 무스꾸리(Nana Mouskouri)가 불러서 전 세계적으로 히트한 곡이다.
워낙 이 노래의 멜로디가 아름답고 서정적이기 때문에 많은 가수들이
불렀지만 나나 무스꾸리의 곡이 전 세계에 가장 많이 알려져 있다.

나나 무스꾸리는 1934년 그리스의 크레타 지역에서 태어났고 원래 가족들과
친구들이 부른 애칭은 '나나'라고 한다. 그리고 그의 이름은 '무스꾸리'이다.
그녀는 유럽의 '바브라 스트레이샌드'라고 불릴 만큼 가창력이 뛰어나고
특히 노래를 자기의 음색으로 표현하는 능력이 대단하다.
어떤 노래든 그녀가 부르면 서정성 있는 부드러운 노래로 들린다.
나나 무스꾸리는 그리스를 대표하는 가수이기도 하지만 유럽을 대표하는
스탠다드 재즈 가수로 인정받고 있다. 전 세계에서 가장 음반이 많이 팔린
여자 가수로 알려져 있으며 20곡이 넘는 밀리온 셀러 히트곡들이 있다.
그녀가 노래한 곡들은 특히 영어, 불러, 독일어, 이탈리어, 포루투칼어,
심지어는 중국어, 터키어까지 상당히 많은 나라에서 그 나라의 언어로
녹음되어 불려졌으며 각 나라에서 애창곡이 되었다고 한다.

'Over and Over' 이 노래는 러시아 특유의 음색과 스케일(음악을 구성하는 음계)
을갖고 있다. 러시아 음악은 왠지 슬프고 느리며 때로는 중간에 음악의
속도가 감정의 기복에 따라 변하는 매력이 있다.
'Over and Over'는 단조의 노래이고 매우 담백하면서 포크와 같은 대중성을
갖고 있는 노래이기도 하다. 멜로디가 아름다우며 기교 없이
깨끗하고 정확하게 불러야 그 음악의 맛을 살릴 수 있는 음악이다.

2.12.A. 한글 부분

Over and Over

난 결코 감히 달나라에 가려고 하진 않습니다.
난 결코 그렇게 일찍 천국을
알 게 될 거라고는 생각하지 않았어요.
난 내가 어떻게 느끼는지 말하는 것을 바랄 순 없었어요
내 마음 속의 기쁨은 표현할 수 있는 말이 없어요
하고 또 하고 난 당신 이름을 속삭입니다.
하고 또 하고 난 당신에게 키스를 다시 합니다.

난 당신의 눈 속에서 사랑의 빛을 보아요.
사랑은 영원하지요,
더 이상 헤어짐은 아니에요.
내가 흘렸던 그 눈물은
지금은 단지 추억일 뿐
내가 지었던 한숨은
지금은 단지 추억일 뿐
내가 소중하게 여겼던 꿈들은
모두 이루어졌어요.
앞으로의 모든 날들을 당신께 드립니다

여름날 인생의 모든 잎사귀들은
황금으로 변할지도 모릅니다.
여기 당신의 품 안에서 말들은 없는 것
여기 당신의 품 안에
영원히 나는 머물겠어요.

2.12.A-1 영작 1단계 - 문장 찾기와 여러 개로 구분하기

1	난 결코 감히 달나라에 가려고 하지 않습니다
2	난 결코 알지 못했어요
2-1	내가 그렇게 빨리 천국을 알게 될 거라는 것을
3	난 말하는 것을 바랄 순 없었어요
3-1	내가 어떻게 느끼는 지를
4	내 마음 속에 있는 기쁨은 표현할 수 있는 말이 없어요
5	하고 또 하고 난 당신 이름을 속삭입니다
6	하고 또 하고 난 당신에게 키스를 다시 합니다.
7	나는 당신 눈 속에서 사랑의 빛을 보아요
8	사랑은 영원하지요 더 이상의 헤어짐이 아니지요
9	지금은 단지 추억일 뿐 내가 흘렸던 그 눈물은
10	지금은 단지 추억일 뿐 내가 지었던 한숨은
11	꿈들은 모두 이루어졌어요
11-1	내가 소중하게 여겼던
12	앞으로의 모든 날들을 내가 당신께 드립니다
13	여름날 인생의 모든 잎사귀들은 황금으로 변할지도 모릅니다
14	사랑은 결코 늙지 않을 것입니다
14-1	우리가 나누는
15	여기 당신의 품 안에서 말들은 없는 것
16	여기 당신의 품 안에서 영원히 나는 머물겠어요

2.12.A-2 영작 2단계 - 주어, 동사 찾기와 동사의 시제 결정하기

1	난 결코 하지 않습니다	현재
2	난 결코 알지 못했어요	과거
2-1	내가 알게 될 거라는 것을	과거
3	난 바랄 순 없었어요	과거
3-1	내가 어떻게 느끼는 지를	현재
4	표현할 수 있는 말이 없어요	현재
5	속삭입니다	현재
6	키스를 다시 합니다.	현재
7	나는 보아요	현재
8	사랑은 ~지요 더	현재
9	내가 흘렸던	과거
10	내가 지었던 한숨은	과거
11	꿈들은 모두 이루어졌어요	현재완료
11-1	내가 소중하게 여겼던	과거
12	내가 당신께 드립니다	현재
13	여름날 인생의 모든 잎사귀들은 변할지도 모릅니다	현재
14	사랑은 결코 자라지 않을 것입니다	미래
14-1	우리가 나누는	현재
15	여기 당신의 품 안에서 말들은 없는 것	문장 아님
16	나는 머물겠어요	미래

2.12.A-3 영작 3단계 - 문장의 형식 결정

1	난 결코 가려고 하지 않습니다	P3
2	난 결코 알지 못했어요	P3
2-1	내가 천국을 알게 될 거라는 것을	P3
3	난 말하는 것을 바랄 순 없었어요	P3
3-1	내가 어떻게 느끼는 지를	P2
4	기쁨은 표현할 수 있는 말이 없어요	P3
5	난 당신 이름을 속삭입니다	P3
6	난 당신에게 키스를 합니다.	P3
7	나는 사랑의 빛을 보아요	P3
8	사랑은 영원하지요 더 이상의 헤어짐이 아니지요	P2
9	내가 흘렸던 그 눈물은	P1
10	내가 지었던 한숨은	P1
11	꿈들은 모두 이루어졌어요	P1
11-1	내가 소중하게 여겼던	P3
12	앞으로의 모든 날들을 내가 당신께 드립니다	P3
13	여름날 인생의 모든 잎사귀들은 황금으로 변할지도 모릅니다	P3
14	사랑은 결코 늙지 않을 것입니다. (늙게 자라지 않을 것입니다)	P2
14-1	우리가 나누는	P3
15	여기 당신의 품 안에서 말들은 없는 것	문장아님
16	나는 머물겠어요	P1

2.12.A-4 영작 4단계 - 영어의 Pattern 순서로 위치 변경

no	S	V	C or O	O or C	P#
1	나는	결코 하진 않습니다	가려는 것을	-달나라로	3
2	나는	결코 생각하지 않았어요	2-1		3
2-1	나는	알 게 될 거에요	천국을	-그렇게 빨리	3
3	나는	바랄 순 없었어요	말하는 것을	3-1	3
3-1	-어떻게 내가	느끼는지			2
4	기쁨은 -내 마음 속에 말들이 없어요	표현할 수 있는			3
5	-하고 또 하고 난	속삭입니다	당신의 이름을		3
6	-하고 또 하고 나는	키스를 합니다	당신에게	-다시	3
7	나는	보아요	사랑의 빛을	-당신 눈 속에서	3
8	사랑은	입니다	영원합니다 더 이상 헤어짐은 아닙니다		2
9	-지금은 -단지 추억일 뿐				

	-눈물들 내가		흘렸던			1
10	-지금은 -단지 한숨일 뿐 내가		지었던			1
11	꿈들은 (11-1)	-모두 이루어졌어요				1
11-1	내가	소중하게 여겼던				3
12	-앞으로의 모든 -날들을 나는		드립니다	-당신에게		3
13	여름날 인생의 잎사귀들은		변할지도 모릅니다	황금으로		2
14	사랑은 (14-1)	결코 자라지 않습니다		늙음으로		2
14-1	우리가	나누는				3
15	여기	당신의 품 속에서	말들은 없는 것	멀리 떨어져	문장아님	
16	-여기 당신의 품 속에서 -영원히 나는		머물겠어요			1

2.12.B. 영어 부문

Over and Over

I never dare to reach for the moon
I never thought I'd know heaven so soon
I couldn't hope to say
how I feel
The joy in my heart no words can reveal

Over and over I whisper your name
Over and over I kiss you again
I see the light of love in your eyes
Love is forever, no more good-byes

Now just a memory the tears that I cried
Now just a memory the sighs that I sighed
Dreams that I cherished all have come true
All my tomorrows I give to you

Life's summer leaves may turn into gold
The love that we share will never grow old
Here in your arms no words far away
Here in your arms forever I'll stay

(* 읽기 목표 시간 – 45 초)

2.12.B-1 번역 1단계 - 문장 구분하기

1	I never dare to reach for the moon
2	I never thought
2-1	I'd know heaven so soon
3	I couldn't hope to say
3-1	how I feel
4	The joy in my heart no words can reveal
5	Over and over I whisper your name
6	Over and over I kiss you again
7	I see the light of love in your eyes
8	Love is forever, no more good-byes
9	Now just a memory the tears that I cried
10	Now just a memory the sighs that I sighed
11	Dreams all have come true
11-1	that I cherished
12	All my tomorrows I give to you
13	Life's summer leaves may turn into gold
14	The love will never grow old
14-1	that we share
15	Here in your arms no words far away
16	Here in your arms forever I'll stay

2.12.B-2 번역 2단계 - 주어, 동사 찾기와 동사의 시제 파악

1	I never dare	현재
2	I never thought	과거
2-1	I'd know	과거
3	I couldn't hope	과거
3-1	how I feel	현재
4	no words can reveal	현재
5	Over and over I whisper	현재
6	Over and over I kiss	현재
7	I see	현재
8	Love is	현재
9	that I cried	과거
10	that I sighed	과거
11	Dreams all have come true	현재완료
11-1	that I cherished	과거
12	All my tomorrows I give to you	현재
13	Life's summer leaves may turn into gold	현재
14	The love will never grow old	미래
14-1	that we share	현재
15	Here in your arms no words far away	문장 아님
16	Here in your arms forever I'll stay	미래

2.12.B-3 번역 3단계 - 문장의 형식 파악

1	I never dare to reach	P3
2	I never thought	P3
2-1	I'd know heaven	P3
3	I couldn't hope to say	P3
3-1	how I feel	P2
4	the joy in my heart no words can reveal	P3
5	Over and over I whisper your name	P3
6	Over and over I kiss you	P3
7	I see the light of love	P3
8	Love is forever, no more good-byes	P2
9	tears that I cried	P1
10	sighs that I sighed	P1
11	Dreams all have come true	P1
11-1	that I cherished (* cherish의 목적어는 'dreams')	P3
12	All my tomorrows I give to you	P3
13	Life's summer leaves may turn into gold	P2
14	The love will never grow old	P2
14-1	that we share (* share의 목적어는 위 문장의 'the love')	P3
15	Here in your arms no words far away	문장 아님
16	Here in your arms forever I'll stay	P1

2.12.B-4 번역 4단계 - 복문장의 경우 문장과 문장간의 관계 파악

2 Fp33	I never thought	
2-1	I would know heaven so soon	2문장 thought의 목적어(목적절)
3 Vo	I couldn't hope to say	
3-1	how I feel	3문장 'to say'의 목적어(목적절)
11 At	Dreams(11-1) all have come true	
11-1	that I cherished	11문장의 'dreams'를 구체적으로 설명하는 문장
14 At	The love (14-1) will never grow old	
14-1	that we share	14문장 'the love'를 설명하는 문장

- Fp33(Five Pattern 3형식 3번째 자리) ; 3형식 목적어 자리에 문장이 왔음 (목적절)
- Vo(Verb object) ; 본동사가 아닌 중간에 나오는 동사(현재분사, 동명사, to-부정사)의 목적어로 온 문장
- At(Attatched형) ; 어떤 단어를 뒤에서 설명하는 문장(관계대명사)

2.12.B-5 번역 5단계 - Pattern의 순서로 분리

no	S	V	C or O	O or C	P#
1	I	never dare	to reach	-for the moon	3
2	I	never thought	2-1		3
2-1	I	would know	heaven	-so soon	3
3	I	couldn't hope	to say	3-1	3
3-1	-how I	feel			2
4	-The joy -in my heart No words	can reveal		Reveal의 목적어는 'the joy'로 강조하기 위해 이 단어를 문장의 앞에 놓고 그 단어를 설명하는 것처럼 뒤에 문장을 위치한 것이다.	3
5	-Over and over I	whisper	your name		3
6	-over and over I	kiss	you	-again	3

7	*I*	*see*	*the light of love*	-in your eyes	3
8	**Love**	*is*	-forever *no more good-byes*		2
9	-Now -just a memory -the tears -that *I*	*cried*			1
10	-Now -just a memory -the sighs -that *I*	*sighed*			1
11	**Dreams** (11-1)	-all *have come true*			1
11-1	that *I*	*cherished*			3
12	***All my tomorrows* *I***	*give*	to you		3
13	***Life's summer***	*may turn into*	gold		2

	Leaves				
14	The love (14-1)	will never grow	old		2
14-1	-that we	share			3
15	-Here -in your arms -no words -far away				문장아님
16	-Here -in your arms -forever I	will stay			1

2.12.C. 영작 부문

I never thought I would know heaven so soon.
(주어 + 동사 + 목적어 ;P3-과거형)
의역 -> 난 결코 내가 천국을 곧 알게 될 거라고 생각하지 못했어요

2개의 문장으로 구성
동사 'thought'의 목적어 대신 문장이 온 것이다. 이러한 경우를 '목적절'이라고 한다.
3형식 문장에서 목적어 자리에 목적절이 오는 경우는 아주 흔한 경우이다.

(1) 번 문장
I never thought (that)
(주어 + 동사 + 목적어 ; P3-과거형)
의역 -> 나는 결코 생각하지 못했어요

'thought'의 목적어 대신 (2)번 문장이 온 것이다. 원래 이럴 땐 관계대명사 'that'을 먼저 쓰고 그 뒤에 문장을 기술하는 것이지만 종종 이러한 경우 'that'을 생략한다.

(2) 번 문장
I would know heaven so soon.
(주어 + 동사 + 목적어 ;P3-과거형)
직역 -> 나는 너무 빨리 천국을 알게 되었을 거에요
의역 -> 나는 너무 빨리 천국을 알게 될 거에요

'would'는 'will'의 과거이다. 즉 과거에서 미래를 표현할 때 사용하는 것이다.

따라서 과거에 미래를 말하는 것은 현재에서 볼 때는 일종의 과거를 가정해 보는 것이다. 예를 들어

I will go to church.
나는 교회에 갈 거에요
I would go to church.
나는 교회에 갔을 거에요.

아래의 문장을 보면 결국 내용은 '교회에 가지 않은 것이다.' 약간 문장이 불안정하게 느끼는 것은 대개 이러한 경우 '교회에 갔을 것이다'라는 가정에 필요한 어떤 조건의 문장이 필요하게 되기 때문이다. 예를 들어

If he came to church last Sunday, I would go to church.
그가 지난 일요일 교회에 왔더라면 나는 교회에 갔을 거에요.

이렇게 하는 것이 문장이 완성되는 느낌이 나게 될 것이다.
'would'가 과거에서 미래를 말하는 가정이 아님에도 현재에서 사용할 때는 대개 정중하게 예의 바르게 표현할 때 사용하는 것이다. 마치 자기 일이 아닌 것처럼 지금은 아니고 과거에 그런 일이 생겼더라면 좋았을 것이라는 표현을 함으로써 본심을 덜 드러나게 되는 식이 되므로 정중한 표현이 되는 것이 영어의 존대식 표현이다.

이러한 방식으로

I shall go to church this Sunday.
난 이번 일요일에 교회에 가야만 합니다.
I should go to church last Sunday.
난 지난 일에 교회에 갔어야만 했어.

I can go to church this Sunday
나는 이번 일요일에 교회에 갈 수 있습니다.
I could go to church last Sunday.
난 지난 일요일에 교회에 갈 수 있었어요.

I may go to church this Sunday
난 이번 일요일에 교회에 갈 지도 몰라.
I might go to church last Sunday.
난 지난 일요일에 교회에 갔을 지도 몰라.

위와 같은 예를 보면 가정법을 알 수 있을 것이다. 이렇게 'would, should, could, might'의 사용을 정확히 이해하지 못하면 가정법을 이해하지 못할 것이다.

더 자세히 알고 싶다면 필자가 저술한 '가정법의 모든 것'을 참조하기 바람.

2.13 A little peace

이 노래는 1982년 유로비전 송 페스티벌에서 최연소(당시 나이 17세)로 참가한 독일 출신 여가수 Nicole Flieg 부른 노래로 우승을 차지하면서 전 세계에 알려지게 되었다. 당시 그녀는 고등학생이었으며 이 노래로 독일이 유로비전송 컨테스트에서 최초로 우승하게 되었다.
당시 이 노래로 얻은 점수는 당시까지 최고의 점수를 기록했으며 1997년까지 이 기록은 깨지지 않았다고 한다.
이 노래는 특히 가사가 전 세계의 평화를 호소하는 노래로 인해 더욱 주목을 받았는데 이러한 메시지 때문에 콘테스트 후 곧 바로 유럽 8개국의 언어로 녹음되어 전 세계로 퍼지게 되었으며 각각의 나라에서 최고의 인기를 얻게 되었다. 우리나라에서도 당시 이 노래는 팝송 팬들로부터 엄청난 사랑을 받았다.
니콜의 어리고 가냘픈 목소리는 세계를 향해 평화를 부르짖는데 호소력이 있었으며 감성의 전달력이 있었다. 이러한 것이 음악의 힘이며 문화의 힘이다.
이 노래는 가사의 힘이 멜로디보다 훨씬 앞선 노래이다. 대중음악에서 가사의 내용은 매우 중요한 요소이다. 어쩌면 멜로디보다 더 중요할 수도 있다. 클래식 음악이 멜로디와 화성 위주의 감상을 위한 음악이라고 한다면 대중음악은 노래 가사 중심적 음악이며 감상보다는 춤을 추거나 노래를 부르기 위한 목적이 훨씬 강한 음악이다.
특히 규칙적 리듬은 클래식과 팝이 구별되는 명확한 요소이다. 우리는 팝음악에서 이러한 규칙적인 리듬에 이름을 붙여 사용한다. 이 노래는 정통 런던팝에 가까운 'GoGo' 리듬의 빠른 템포의 음악으로 밝고 비교적 단순한 특징이 있다. 그래서 가사가 포함하는 메시지 전달이 매우 정확하고 용이하며 그래서 누구나 따라 부르기 쉽다.

2.13.A. 한글 부분

A little peace

겨울이 시작될 때 꼭 한 송이 꽃처럼
바람 속에서 꺼져버린 꼭 촛불처럼
더 이상 날 수 없는 꼭 한 마리 새처럼
난 그런 기분이 들려 그래요, 가끔
하지만 내가 무거운 짐 지우는 상태로 떨어지려고 할 때
난 그 길 끝의 한 줄기 빛을 생각해요.
그리고 내 눈을 감고 있으면 어둠을 지나
내 마음속의 꿈을 볼 수 있어요.
작은 사랑, 작은 나눔
우리가 살고 있는 세상을 위해 꿈을 세운다는 것
작은 인내심과 이해심
우리의 작은 평화로운 미래를 위해
작은 햇빛, 기쁨의 바다
슬픔의 모든 눈물을 닦아 없애주려고
작은 소망, 작은 기도
우리의 작은 평화로운 미래를 위해
내가 11월 눈 속에 있는 잎사귀 하나로 느껴져요
난 땅바닥으로 떨어졌고 거기 아래엔 아무도 없었어요.
그래서 지금 난 혼자서 무력해요
정말 폭풍우가 가버리기를 바라는 나의 노래와 함께
우리는 산들바람 위의 깃털이에요.
저와 함께 평화의 노래를 불러요

2.13.A-1 영작 1단계 – 문장 찾기와 여러 개로 구분하기

1	겨울이 시작될 때
	꼭 한 송이 꽃처럼
2	바람 속에서 꺼져버린 꼭 촛불처럼
3	더 이상 날 수 없는
	꼭 한 마리 새처럼
4	난 그런 기분이 들려 그래요, 가끔
5	하지만 내가 무거운 짐 지우는 상태로 떨어지려고 할 때
5-1	난 그 길 끝의 한 줄기 빛을 생각해요
6	그리고 내 눈을 감고 있으면 어둠을 지나 꿈을 볼 수 있어요
6-1	내 마음 속에 있는 (꿈)
7	하나의 작은 사랑, 하나의 작은 나눔
8	우리가 살고 있는 세상을 위해 꿈을 세운다는 것
9	하나의 작은 인내심과 이해심
	우리의 작은 평화를 위해
	하나의 작은 햇빛, 기쁨의 바다
	슬픔의 모든 눈물을 닦아 없애주는 것
	하나의 작은 소망, 하나의 작은 기도
10	나는 느껴져요
10-1	내가 11월의 눈 속에 있는 잎사귀 하나로
11	난 땅바닥으로 떨어졌고
11-1	거기 아래엔 아무도 없었어요
12	그래서 지금 난 혼자서 무력해요
	정말 폭풍우가 가버리기를 바라는 나의 노래와 함께
13	우리는 산들바람 위의 깃털이에요
14	저와 함께 평화의 노래를 불러요

2.13.A-2 영작 2단계 – 주어, 동사 찾기와 동사의 시제 결정하기

1	겨울이 시작될 때	현재
2	바람 속에서 꺼져버린 꼭 촛불처럼	문장아님
3	더 이상 날 수 없는	현재
4	난 기분이 들려 그래요	현재진행
5	하지만 떨어지려고 할 때	현재진행
5-1	난 생각해요	현재
6	나는 볼 수 있어요	현재
6-1	내 마음 속에 있는 (꿈)	현재
7	하나의 작은 사랑, 하나의 작은 나눔	문장 아님
8	우리가 살고 있는	현재
9	하나의 작은 인내심과 이해심 우리의 작은 평화를 위해 하나의 작은 햇빛, 기쁨의 바다 슬픔의 모든 눈물을 닦아 없애주는 것 하나의 작은 소망, 하나의 작은 기도	단어들의 나열
10	나는 느껴져요	현재
10-1	내가 ~으로	현재
11	난 떨어졌고	과거
11-1	거기엔 있었어요 (없는 사람이)	과거
12	그래서 지금 난 혼자서 무력해요	현재
12-1	폭풍우가 가버렸기를 (바라는 노래와 함께)	과거
13	우리는 ~에요	현재
14	노래를 불러요	현재

2.13.A-3 영작 3단계 - 문장의 형식 결정

1	겨울이 시작될 때	P1
2	바람 속에서 꺼져버린 꼭 촛불처럼	문장 아님
3	더 이상 날 수 없는	P1
4	난 그런 기분이 들려 그래요	P3
5	하지만 떨어지려고 할 때	P1
5-1	난 한 줄기 빛을 생각해요	P3
6	나는 꿈을 볼 수 있어요	P3
6-1	내 마음 속에 있는 (꿈)	P1
7	하나의 작은 사랑, 하나의 작은 나눔	문장 아님
8	우리가 살고 있는	P1
9	하나의 작은 인내심과 이해심 우리의 작은 평화를 위해 하나의 작은 햇빛, 기쁨의 바다 슬픔의 모든 눈물을 닦아 없애주는 것 하나의 작은 소망, 하나의 작은 기도	단어들의 나열
10	나는 느껴져요	P3
10-1	내가 잎사귀 하나로	P2
11	난 떨어졌고	P1
11-1	거기엔 아무도 없었어요	P2
12	그래서 지금 난 혼자서 무력해요	P2
12-1	폭풍우가 가버렸기를 (바라는 노래)	P1
13	우리는 깃털들이에요	P2
14	나의 평화의 노래를 불러요	P3

2.13.A-4. 영작 4단계 - 영어의 Pattern 순서로 위치 변경

no	S	V	C or O	O or C	P#
1	-꼭 처럼 -한 송이 꽃 -때 겨울이	시작할			1
2	바람 속에서 꺼져버린 꼭 촛불처럼			문장 아님	
3	-꼭 처럼 -한 마리 새 그건	더 이상 날 수 없어요			1
4	난	기분이 들려 그래요	그런	-가끔	3
5	-그러나 그땐 -처럼 내가	떨어지려고 할 때	짐 지우는 상태로	-무거운 짐에 의해	2
5-1	난	생각해요 (그려져요)	한 줄기 빛을	-끝에서 -길의	3
6	-그리고 -감고 있으면 -내 눈을 난	볼 수 있어요	-어둠을 지나 꿈을(6-1)		3

6-1	그건	있어요	-내 마음 속에		1
7	하나의 작은 사랑, 하나의 작은 나눔				
8	-세운다는 것 -꿈 -세상을 위해 우리가	사는			1
9	하나의 작은 인내심과 이해심, 우리의 작은 평화를 위해 하나의 작은 햇빛, 기쁨의 바다, 슬픔의 모든 눈물을 닦아 없애주는 것 하나의 작은 소망, 하나의 작은 기도			단어의 나열	
10	난	느껴져요	10-1		3
10-1	내가	이에요	잎사귀 하나로	-11월 눈 속의	2
11	난	떨어졌고	-땅바닥으로 (11-1)		1
11-1	거기엔	없었어요	아무도	-아래엔	2
12	-그래서 지금 난	~해요	무력	-혼자서 -나의 노래를 갖고 (12-1)	2
12-1	-정말 -바라면서 폭풍우가	가버렸기를			1
13	우리는	~이에요	깃털들	-산들바람 위	2

| 14 | (당신들은) | 부르세요
-나와 함께 | 나의 평화의 노래를 | | 3 |

2.13.B. 영어 부문

A little peace

Just like a flower when winter begins
Just like a candle blown out in the wind
Just like a bird that can no longer fly
I'm feeling that way sometimes
But then as I'm falling weighed down by the load
I picture a light at the end of the road
And closing my eyes
I can see through the dark
The dream that is in my heart
A little loving a little giving
To build a dream for the world we live in
A little patience and understanding
For our tomorrow a little peace
A little sunshine a sea of gladness
To wash away all the tears of sadness
A little hoping a little praying
For our tomorrow a little peace
I feel I'm a leaf in November snow
I fell to the ground there was no one below
So now I am helpless alone with my song
just wishing the storm was gone
We are feathers on the breeze
Sing with me my song of peace

(* 읽기 목표 시간 – 60 초)

2.13.B-1 번역 1단계 - 문장 구분하기

1	Just like a flower when winter begins
2	Just like a candle blown out in the wind
3	Just like a bird that can no longer fly
4	I'm feeling that way sometimes
5	But then as I'm falling weighed down by the load
5-1	I picture a light at the end of the road
6	And closing my eyes I can see through the dark the dream
6-1	that is in my heart
7	A little loving A little giving
8	To build a dream for the world we live in
9	A little patience and understanding For our tomorrow a little peace A little sunshine, A sea of gladness To wash away all the tears of sadness A little hoping, A little praying For our tomorrow a little peace
10	I feel
10-1	I'm a leaf in November snow
11	I fell to the ground
11-1	there was no one below
12	So now I am helpless alone with my song
12-1	just wishing the storm was gone
13	We are feathers on the breeze
14	Sing with me my song of peace

2.13.B-2 번역 2단계 - 주어, 동사 찾기와 동사의 시제 파악

1	when winter begins	현재
2	Just like a candle blown out in the wind	문장 아님
3	a bird that can no longer fly	현재
4	I'm feeling	현재진행
5	But then as I'm falling	현재진행
5-1	I picture	현재
6	I can see	현재
6-1	that is	현재
7	A little loving A little giving	문장 아님
8	for the world we live in	현재
9	A little patience and understanding For our tomorrow a little peace A little sunshine, A sea of gladness To wash away all the tears of sadness A little hoping, A little praying For our tomorrow a little peace	문구의 나열
10	I feel	현재
10-1	I am	현재
11	I fell	과거
11-1	there was	과거
12	So now I am	현재
12-1	wishing the storm was gone	과거 (be+과거분사)
13	We are	현재
14	Sing with me my song of peace	현재 (명령어)

2.13.B-3 번역 3단계 - 문장의 형식 파악

1	when winter begins	P1
2	Just like a candle blown out in the wind	문장 아님
3	a bird that can no longer fly	P1
4	I'm feeling that way	P3
5	But then as I'm falling weighed down	P2
5-1	I picture a light	P3
6	I can see through the dark the dream	P3
6-1	that is	P1
7	A little loving A little giving	문장 아님
8	for the world we live in	P1
9	A little patience and understanding For our tomorrow a little peace A little sunshine, A sea of gladness To wash away all the tears of sadness A little hoping, A little praying For our tomorrow a little peace	문구의 나열
10	I feel (10-1)	P3
10-1	I am a leaf in November snow	P2
11	I fell	P1
11-1	there was no one	P2
12	I am helpless	P2
12-1	wishing the storm was gone (* 필자는 'be+과거분사'를 하나의 동사로 취급한다)	P1
13	We are feathers	P2
14	Sing with me my song of peace	P3

2.13.B-4 번역 4단계 - 복문장의 경우 문장과 문장간의 관계 파악

6 **At**	And closing my eyes I can see through the dark the dream	
6-1	that is in my heart	7문장의 'the dream'을 설명하는 문장
10 **Fp33**	I feel	
10-1	I'm a leaf in November snow	10문장 'feel'의 목적어 대신 문장(목적절)이 온 경우
3	Just like a bird that can no longer fly	단어 바로 뒤에서 단어를 설명하는 문장의 형태이다. 이런 문장은 약간 시적 표현이다. 예를 들면 3번 문장 경우 "더 이상 날 수 없는 한 마리 꼭 새처럼" 이렇게 해석하는 식이다.
8	To build a dream for the world we live in	
12 **Vo**	So now I am helpless alone with my song just wishing	
12-1	(that) the storm was gone	12문장 wishing의 목적어 문장

- At(Attatched형) ; 어떤 단어를 뒤에서 설명하는 문장(관계대명사)
- Fp33(Five Pattern 3형식 3번째 자리) ; 3형식 목적어 자리에 문장이 왔음 (목적절)
- Vo(Verb object) ; 본동사가 아닌 중간에 나오는 동사(현재분사, 동명사, to-부정사)의 목적어로 온 문장

2.13.B-5 번역 5단계 - Pattern의 순서로 분리

no	S	V	C or O	O or C	P#
1	-Just like -a flower -when **winter**	**begins**			1
2	Just like a candle blown out in the wind				
3	-Just like -a bird **that**	**can** -no longer **fly**			1
4	*I*	*am feeling*	*that way*	-sometimes	3
5	-But then -as *I*	*am falling*	*weighed down*	-by the load	2
5-1	*I*	*picture*	*a light*	-at the end -of the road	3
6	-And -closing -my eyes *I*	*can see*	-through the dark ***the dream***(6-1)		3
6-1	*that*	*is*	-in my heart		1
7	A little loving. A little giving				
8	-To build -a dream				

	-for the world **we**	**live in**			1
9	A little patience and understanding For our tomorrow a little peace A little sunshine, A sea of gladness To wash away all the tears of sadness A little hoping, A little peace				문장 아님
10	*I*	*feel*	*10-1*		3
10-1	*I*	*am*	*a leaf*	-in November snow	2
11	*I*	*fell*	-to the ground (11-1)		1
11-1	*there*	*was*	*no one*	-below	2
12	-So now *I*	*am*	*helpless*	-alone -with my song (12-1)	2
12-1	-just -wishing **the storm**	**was gone**	(* 'be+현재분사'도 하나의 동사로 보는 것처럼 'be+과거분사'도 동사로 취급해야 일관성이 있고 논리적으로도 맞다)		1
13	**We**	**are**	**feathers**	-on the breeze	2
14	*(You)*	*Sing* -with me	*my song of peace*		3

2.13.C. 문장 분석

But then as I'm falling weighed down by the load
 I picture a light at the end of the road.

직역 -> 그러나 그때 무게에 의해 눌러 앉게 된 상태로 나는 떨어지면서
         길의 끝에 있는 불빛 하나를 봅니다.

의역 -> 그러나 그때 무거운 짐으로 의기소침하게 되면서
         길 끝의 한 줄기 빛을 상상하게 됩니다.

2문장으로 구성
앞의 문장의 상황이 있지만 결국 뒤의 문장이 된다는 'If then'형.
즉 조건이 앞에 있고 그 조건에 따른 결과가 뒤의 문장으로 나타나는 것이다.

(1) 번 문장

But then as I'm falling weighted down by the load.
(주어 + 동사 + 형용사(과거분사 + 전치사) ; P2-현재진행)
의역 -> 그러나 그때 무거운 짐으로 의기소침하게 되고 있어요.

'as'의 용법은 매우 다양하다. 얼핏 우리말로 번역하는데 쉽게 마땅한 말로 찾기 어려운 이유는 'as'의 쓰임새가 매우 다양하기 때문이다. 대개 이러한 경우는 영어는 1개의 단어지만 여러 개의 우리말 뜻을 갖는 경우이다. 한마디로 말하면 딱 부러지게 하나의 우리말 단어로 표현할 수 없다는 의미이다.
'~하니까', '~하면서', '~런 이유로' 등등 다양하게 사용되는데 확실하게 터득하는 방법은 우리말의 설명으로는 부족하고 영어책을 많이 읽으면서 'as'가 사용될 때마다 눈여겨보면 그 의미가 파악될 것이다.

(2) 번 문장
I picture a light at the end of the road.
(주어 + 동사 + 목적어 ;P3-현재형)
의역 -〉 난 길 끝에 불빛 하나를 상상해 봅니다.

이 문장은 앞 문장의 조건에 따라 나타난 그 결과의 문장이다. 'picture'는 여기서는 타동사로 사용되었다. 'a light'가 명사이므로 당연히 'picture'의 목적어로 보일 것이고 여러분들은 보다 정확한 뜻을 이해하기 위해 사전에서 'picture'를 찾아야 할 것이다. 그때 어떤 단어를 찾을 가의 문제에 있어 빨리 원하는 뜻을 얻으려면 이러한 경우 이 단어가 '동사'인지 아니면 '명사'인지 구별부터 하는 것이다.
여기서는 주어 'I' 다음에 위치한 것으로 보아 동사가 틀림 없으며 이 동사의 뒤에 나타나는 단어가 'a light'로 보아서 'picture'는 타동사로 사용되었음을 알 수 있다. 그러므로 여러분은 이 문제를 하기 위해 사전에서 'picture'의 타동사 부분을 찾아 해당하는 뜻으로 해석하여야 할 것이다. 이렇게 영어에서는 단어가 여러 개의 품사로 활용될 수 있기 때문에 먼저 품사를 결정하여야 사전에서 원하는 뜻을 찾을 수가 있다. 사전이 있어도 해석이 안 되는 이유 중 가장 큰 것이 바로 품사를 알지 못하는 것이다. 그냥 사전에서 아무 것이나 적당히 찾아 적용을 하면 잘못된 번역이 나올 확률이 높은 것이다.

'picture'는 명사로 하면 '그림', '사진' 등등 이지만 동사일 경우는 '그리다, 생각하다, 상상하다' 등 여러 뜻으로 사용된다. 여기서는 타동사로 간주하고 그 뜻을 하나 골랐다. 이렇게 영어에서는 한 단어가 '동사, 명사'로 다양하게 사용됨을 알 수 있고 그렇기 때문에 문장에서 단어를 나열하는 순서나 위치에 의해 단어의 품사를 결정할 수 있어야 정확한 번역 또한 나오게 되는 것이다.

2.14 Oh, Carol

1939년 미국에서 출생한 Neil Sedaka가 부른 노래이다. 1958년 이웃집 살던 여자친구 캐롤 킹을 위해 만든 노래였다. 그 다음해 빌보드 차트 9위까지 오른 곡으로 그에게 명성을 안겨준 곡이다. 닐 세데카는 줄리아음 음대에서 피아노를 전공한 뛰어난 피아니스트였다. 16살 때 Arthur Rubinstein이 그를 뉴욕 고등학교 학생 중 최고의 피아니스트라고 칭찬을 아끼지 않을 정도였다.
그는 작곡에도 능하였으며 노래도 잘 해 고등학교 때 자신을 주축으로 한 그룹을 만들어 Rock & Roll 을 연주하기 시작하면서 클래식 음악에서 팝음악으로 관심 분야를 바꾸었다. 1964년은 미국의 음악이 솔로 중심에서 그룹 사운드 중심으로 바뀌기 시작한 해였다. 이러한 흐름에 가장 큰 영향을 준 것은 비틀즈였다. 이 때 솔로로 활동하던 닐 세데카는 작곡에 전념하기 시작하였다. 그래서 프랭크 시나트라(The Hungry Years), 엘비스 프레스리(Solitaire), 탐 존스(Puppet man) 당시의 유명 가수들에게 많은 곡을 작곡해 주었다.
자신이 직접 부른 'You mean everything to me'도 본인이 작곡한 노래이다. 그는 미국 팝음악계에 끼친 지대한 영향으로 작곡자 명예의 전당에 들어갔으며 자신의 고향인 브루클린에 그의 이름을 딴 거리가 생겼고 헐리우드의 스타 거리에 자신의 이름이 새겨졌다.
'Oh, Carol'은 이웃집 살던 여자친구의 이름이며 그 여자도 작곡을 공부한 뮤지션이었으며 닐 세데카와 사랑을 이어가지는 하지 못했다. 이 노래는 빠른 템포의 룸바 리듬으로 여기에 나오는 코러스는 닐 세데카 본인이 멀티 트랙을 이용하여 녹음한 것이다. 아주 경쾌하고 흥겨운 템포의 이 음악은 룸바 리듬이므로 춤을 추는데 좋은 곡이다. 1960년대에는 고고(GoGo)를 중심으로 춤이 유행하던 시절이다. 젊은이들은 고고장에서 춤을 추며 낭만을 즐기고 이성을 만나기도 하였다.
닐 세데카의 음성은 매우 고음으로 거의 여성의 음역에 가깝고 실제 목소리 음색도 가늘고 여성스럽다. 음폭이 크기 때문에 일반인이 그가 부른 음역대로 부르는 것은 부담스럽고 특히나 음색의 차이 때문에 그의 노래와 같은 맛을 내기가 어렵다. 가성을 주로 이용하는 코러스의 진행도 이 노래의 특징 중 하나이다.

2.14.A. 한글 부분

Oh, Carol

캐롤,
난 단지 바보일 뿐이에요
당신이 날 매정하게 대하는데도
당신을 사랑하네요.
당신은 날 마음 아프게 하고
울리기도 하지요.
하지만 만일 당신이 날 떠난다면
난 정말 죽고 말 거에요.

내가 당신을 너무도 사랑하기에
다른 사랑은 절대 없을 거에요.
절대로 날 떠나지 말아요.
절대로 가지 않겠다고 말해 주세요.
무슨 일이 있어도 나의 애인이기 때문에
당신을 원할 거에요.
캐롤
난 당신과 사랑에 빠졌어요
당신을 사랑해요.
다른 사랑은 절대로
존재하지 않을 거에요.

2.14.A-1 영작 1단계 – 문장 찾기와 여러 개로 구분하기

1	Oh, Carol
2	난 단지 바보일 뿐이에요
3	당신을 사랑해요
3-1	당신이 날 매정하게 대하는데도
4	당신은 날 마음 아프게도 하고
4-1	울리기도 하지요
5	하지만 만일 당신이 날 떠난다면
5-1	난 정말 죽고 말 거에요
6	다른 사랑은 절대 없을 거에요
6-1	내가 당신을 사랑하니까요
7	절대로 날 떠나지 말아요
8	말해주세요
8-1	절대로 가지 않겠다고
9	나의 애인이기 때문에 당신을 원할 거에요
9-1	무슨 일이 있어도
10	난 당신과 사랑에 빠졌어요
11	당신을 사랑해요
12	다른 사랑은 절대로 존재하지 않을 거에요

2.14.A-2 영작 2단계 - 주어, 동사 찾기와 동사의 시제 결정하기

1	Oh, Carol	감탄사
2	난 ~이에요	현재
3	사랑해요	현재
3-1	당신이 대하는데도	현재
4	당신은 아프게도 하고	현재
4-1	하지요	현재
5	하지만 만일 당신이 떠난다면	가정법현재
5-1	난 정말 죽고 말 거에요	미래
6	절대 없을 거에요	미래
6-1	내가 사랑하니까요	현재
7	절대로 날 떠나지 말아요	현재
8	말해주세요	현재
8-1	절대로 가지 않겠다고	미래
9	원할 거에요	미래
9-1	무슨 일이 있어도	현재
10	난 ~에요 (사랑에 빠졌어요)	현재
11	사랑해요	현재
12	절대로 존재하지 않을 거에요	현재

2.14.A-3 영작 3단계 – 문장의 형식 결정

1	Oh, Carol	감탄
2	난 단지 바보일 뿐이에요	P2
3	당신을 사랑해요	P3
3-1	당신이 날 매정하게 대하는데도	P5
4	당신은 날 마음 아프게도 하고	P3
4-1	울리기도 하지요	P5
5	하지만 만일 당신이 날 떠난다면	P3
5-1	난 정말 죽고 말 거에요	P1
6	다른 사랑은 절대 없을 거에요	P2
6-1	내가 당신을 사랑하니까요	P3
7	절대로 날 떠나지 말아요	P3
8	말해주세요	P3
8-1	절대로 가지 않겠다고	P1
9	나의 애인이기 때문에 당신을 원할 거에요	P3
9-1	무슨 일이 있어도	P3
10	난 당신과 사랑에 빠졌어요 (*여기서는 '나는 사랑 안에서 존재해요'식으로 표현함)	P1
11	당신을 사랑해요	P3
12	다른 사랑은 절대로 존재하지 않을 거에요	P2

2.14.A-4 영작 4단계 - 영어의 Pattern 순서로 위치 변경

no	S	V	C or O	O or C	P#
1	오,	캐롤			감탄
2	난	이에요	-단지 바보		2
3	난	사랑해요	당신을		3
3-1	-데도 당신이	대해요	나를	매정하게	5
4	당신은	아프게 하고	날		3
4-1	(당신은)	해요	(나를)	울리기도	5
5	-하지만 -만일 당신이	떠난다면	나를		3
5-1	난	-정말 죽고 말 거에요			1
6	가인칭	존재하지 않을 거에요	다른 사람은		2
6-1	-기에 내가	사랑하기	당신을		3
7	(당신은)	절대 떠나지 말아요	날		3
8	(당신은)	말해 주세요	8-1		3
8-1	(당신은)	절대 가지 않겠다고			1

9	(나는)	원할 거에요	당신을	-나의 애인이기 때문에	3
9-1	-어떤 일이 -무엇 당신이	해도			3
10	난	존재해요	-사랑 안에서	-당신과 함께	1
11	(난)	사랑해요	당신을		3
12	가인칭	존재하지 않을 거에요	다른 사랑이		2

2.14.B. 영어 부문

Oh, Carol

Oh, Carol
I am but a fool
Darling I love you
though' you treat me cruel
You hurt me
and you make me cry
But if you leave me
I will surely die.

Darling there will never be another
cause I love you so
Don't ever leave me
Say you'll never go
I will always want you for my sweet heart
no matter what you do

Oh, Carol
I'm so in low with you
Darling I love you
Darling, there will never be another

(* 읽기 목표 시간 – 25 초)

2.14.B-1 번역 1단계 - 문장 구분하기

1	Oh, Carol
2	I am but a fool
3	Darling, I love you
3-1	though you treat me cruel
4	You hurt me
4-1	and you make me cry
5	But if you leave me
5-1	I will surely die
6	There will never be another
6-1	cause I love you so
7	Don't ever leave me
8	Say
8-1	you'll never go
9	I will always want you for my sweet heart
9-1	no matter what you do
10	I'm so in love with you
11	I love you
12	There will never be another

2.14.B-2 번역 2단계 - 주어, 동사 찾기와 동사의 시제 파악

1	Oh, Carol	감탄사
2	I am	현재
3	I love	현재
3-1	though you treat	현재
4	You hurt	현재
4-1	and you make	현재
5	But if you leave	현재
5-1	I will surely die	미래
6	There will never be	미래
6-1	cause I love	현재
7	Don't ever leave	현재
8	Say	현재
8-1	you'll never go	미래
9	I will always want	미래
9-1	no matter what you do	현재
10	I'm	현재
11	I love	현재
12	There will never be	미래

2.14.B-3 번역 3단계 - 문장의 형식 파악

1	Oh, Carol	감탄사
2	I am but a fool	P2
3	I love you	P3
3-1	though you treat me cruel	P5
4	You hurt me	P3
4-1	and you make me cry	P5
5	But if you leave me	P3
5-1	I will surely die	P1
6	There will never be another	P2
6-1	cause I love you so	P3
7	Don't ever leave me	P3
8	Say	P3
8-1	you'll never go	P1
9	I will always want you	P3
9-1	no matter what you do	P3
10	I'm	P1
11	I love you	P3
12	There will never be another	P2

2.14.B-4 번역 4단계 - 복문장의 경우 문장과 문장간의 관계 파악

3 Dw	Darling, I love you	이 문장에 대한 조건의 문장이 3-1이다. 결론이 나오고 뒤에 조건이 오는 것이 보통이다
3-1	though you treat me cruel	
4 Pr	You hurt me	
4-1	and you make me happy	4문장에 이은 나열형의 또 다른 설명
5 It	But if you leave me	5문장 'if' 조건에 따른 결과의 문장이 5-1이다. (가정법 현재)
5-1	I will surely die	조건절이 현재이면 결과의 문장은 미래가 된다. (*필자 저술 '가정법의 모든 것' 참조)
6 Dw	There will never be another	이 문장에 대한 이유가 6-1이다.
6-1	cause I love you so	'because'와 동일한 의미로 사용되지만 우리말로 번역할 때는 뒤 문장부터 먼저 말하고 앞의 문장을 말하면 좋다. 그렇게 하면 자연스럽게 '~하니까'라는 해석이 나오게 된다.
8 Fp33	Say	
8-1	you will never go	3문장에 대한 목적어(목적절) 문장
9 Dw	I will always want you for my sweet heart	
9-1	no matter what you do	9문장에 대한 조건의 문장

- Dw(Do-While형) ; 결론을 먼저 말하고 뒤의 문장에서 보충적 설명하는 형태
- Pr(Process형) ; 발생한 시간의 순서대로 나열한 문장
- It(If-then형) ; 조건의 문장이 먼저 나오고 뒤에 그 결과의 문장이 나옴 Dw의 반대형
- Fp33(Five Pattern 3형식 3번째 자리) ; 3형식 목적어 자리에 문장이 왔음 (목적절)

2.14.B-5 번역 5단계 - Pattern의 순서로 분리

no	S	V	C or O	O or C	P#
1	**Oh,**	**Carol**	감탄 그리고	사람의 이름	감탄
2	**I**	**am**	-but **a fool**		2
3	**-Darling** **I**	**love**	**you**		3
3-1	-though **you**	**treat**	**me**	**cruel**	5
4	**You**	**hurt**	**me**		3
4-1	-and **you**	**make**	**me**	**cry**	5
5	-But -if **you**	**leave**	**me**		3
5-1	**I**	**will** -surely **die**			1
6	**-Darling** **there**	**will never be**	**another**		2
6-1	-cause **I**	**love**	**you**	-so	3
7	**(you)**	**Don't** -ever **leave**	**me**		3

8	(you)	Say	8-1		3
8-1	*you*	*will never go*			1
9	*I*	will -always want	*you*	-for my sweet heart	3
9-1	-no matter -what you	do			3
10	*I*	*am*	-so	-in love -with you	1
11	*-Darling* *I*	*love*	*you*		3
12	*-Darling* *there*	*will never be*	*another*		2

2.14.C. 문장 분석

I love you though you treat me cruel.

의역 -> 당신이 나를 냉정하게 대해도 나는 당신을 사랑해요

2개의 문장으로 구성

(1) 번 문장

I love you

(주어 + 동사 + 목적어 ;P3-현재형)

(2) 번 문장

Though you treat me cruel.

의역 -> 비록 당신이 나를 냉정하게 대하지만

(주어 + 동사 + 목적어 + 목적보어 ;P5-현재형)

이와 같이 '~하지만'의 문장은 2개의 문장으로 이루어진 복문장에서 뒤에 위치한다.
복문장에서 각각의 문장에 대한 위치는 기본적으로는 단문장과 마찬가지로 중요한 순이다. 즉 하고자 하는 메시지의 문장이 앞에 위치하고 그에 대한 설명이나 조건의 문장이 뒤에 위치하게 되는 것이다. 이 것은 영어의 매우 중요한 언어적 특징이다.
우리말은 조사가 단어의 성격을 결정하기 때문에 단어를 나열하는 순서가 중요하지 않고 마찬가지로 복문장일 경우 문장의 순서도 중요하지 않다. 오히려 자기가 진짜로 하고 싶은 말이나 문장은 오히려 뒤로 보내는 경향이 강하다.
그래서 이러한 문장을 영어로 번역할 때는 우리말의 순서와 반대가 되는 것이다.
즉 '~하지만 ~이다'라는 문장은 영어로 할 때는 '~이다, 비록 ~지만'의 순서가 되는 것이 보통이다. 이러한 순서를 복문장 규칙 7가지 중 'Do-While형'이라고 한다.

(* 필자의 저서 '복문장의 모든 것'에 복문장 규칙 중 4번째 'Do-While형' 참조)

2.15 I'd love you to want me

1943년 미국 플로리다 태생인 로보(Lobo – Roland Kent Lavoie)가 부른 노래이다.
달콤하고 부드러운 목소리로 미국 팝의 중심에 서서 많은 히트 곡을 냈다.
특히 그가 부른 노래들은 어쩌면 미국에서보다 국내에서 더 크게 알려졌는데
김세환, 윤향기 등이 그의 곡을 번안하여 불러 국내 팬들에게 알려졌기 때문이었을 것이다.
특히 김세환이 불렀던 'Stoney'는 국내에서 최고의 인기곡이 된 것에 비해 정작
미국에서는 싱글로 발표되지 않은 곡이며 미국 사람들도 잘 모르는 곡이다.

그의 노래들은 서정성이 강하고 감미롭다. 정통 팝에 가까운 GoGo 리듬의 곡부터
느린 발라드까지 매우 다양한 노래들을 불렀다. 컨트리음악, 포크 스타일 음악 등
다양한 음악을 했으며 로크앤 롤보다 즐겨 부를 수 있는 음악들이 주를 이룬다.
가늘고 부드러운 목소리가 그의 아름다운 노래들과 절묘하게 어울리는
easy listening 계열의 팝송들이 많다. 위에 소개한 노래 외에
'We'll be one by two today'(이 곡은 김세환이 '우리 함께 간다네'로 번안해 불렀음),
'A simple man' 등이 국내에 많이 알려졌다.
그렇게 우리나라에 많이 알려진 것에 비하면 미국에서는 크게 성공한 편은 아니다.
수 많은 곡 중에서 빌보드 10위 안에 들은 곡은 단지 3곡 뿐이다.

이 노래는 1972년 발표한 곡으로 빌보드 차트 10위 안에 올랐다.
어쿠스틱 기타로 시작하는 부드러운 Slow GoGo리듬의 이 곡은 컨트리와 포크의
중간쯤에 속하는 곡이다. 그의 부드럽고 고운 고음의 처리가 매우 능숙하게
들리는 아름다운 멜로디의 곡이다. 비교적 노래가 심플하고 멜로디 라인이 뚜렷하여
Sing Along으로 좋은 곡이다. 반주의 중심에 어쿠스틱 기타가 있어
포크 스타일로 불러도 노래의 멋을 살릴 수 있다.
워낙 노래가 좋기 때문에 특별한 기교 없이 깔끔하게 부르는 편이 좋다.

2.15.A. 한글 부분

I'd love you to want me

당신이 거기에 서있는 걸 보았을 때
난 의자에서 넘어질 뻔 했어요
당신이 말을 하려고 당신의 입술을 움직였을 때
난 피가 발로 (거꾸로) 흐르는 걸 느꼈지요.
자, 이제 당신이 그렇게 보여주지 않으려고 한 것이 무엇이었는지
내가 아는데 시간이 좀 걸렸네요

내 영혼 속 무언가가 소리쳐요
난 당신의 푸른 눈동자 안에 있는 간절함이 보여요.
그대여, 당신은 당신을 원하는 나를 사랑할 거에요
그건 내가 당신을 원한다는 거에요.
그건 그렇게 되고 말 거에요.
그대여, 당신을 원하는 나를 사랑해 주세요.
그건 내가 원하는 바죠.
당신이 그렇게 되도록 해만 준다면

몇 해 전 당신은 당신 자신에게 말했어요
당신의 감정들이 절대 드러내지 않도록 할 거라고
보통 사람들은 다 갖고 있는
(다른 사람들이 준)
당신이 만든 의무감 같은.
(그런 감정들)

2.15.A-1 영작 1단계 – 문장 찾기와 여러 개로 구분하기

1	당신이 거기에 서 있는 걸 보았을 때
1-1	나는 의자에서 떨어질 뻔 했어요
2	그리고 당신이 말을 하려고 당신의 입술을 움직였을 때
2-1	난 피가 거꾸로 흐르는 것을 느꼈어요
3	자, 내가 아는 데 시간이 걸렸네요
3-1	당신이 그렇게 보여주지 않으려고 하는 것이 무엇인지
4	내 영혼 속 무언가가 소리쳐요
5	난 당신의 푸른 눈동자 안에 있는 간절함이 보여요
6	난 날 원하는 당신을 사랑해요
7	그건 내가 당신을 원한다는 거에요
8	그건 그렇게 되고 말 거에요
9	그대여, 당신은 당신을 원하는 나를 사랑해 줄거에요
10	그건 내가 원하는 바죠
10-1	당신이 그렇게 되도록 해만 준다면
11	몇 해 전 당신은 당신 자신에게 말했어요
11-1	당신의 감정들이 절대 드러내지 않도록 할 거라고
12	당신이 만든 의무감 같은
13	보통 사람들은 다 갖고 있는 (다른 사람들이 준)

2.15.A-2 영작 2단계 - 주어, 동사 찾기와 동사의 시제 결정하기

1	당신이 보았을 때	과거
1-1	나는 떨어질 뻔 했어요	과거
2	그리고 당신이 움직였을 때	과거
2-1	난 느꼈어요	과거
3	걸렸네요	과거
3-1	당신이 하려는	과거
4	내 영혼 속 무언가가 소리쳐요	과거
5	난 보여요	현재
6	난 사랑해요 (I would love - 직역하면 '사랑했을 거에요'지만 종종 현재의 '사랑하고 있다는 의미로 사용된다) 여기서는 이렇게 표현하였으므로 과거가 된다	과거
7	내가 원한다	현재
8	그건 되고 말 거에요	과거
9	당신은 사랑해 줄 거에요	과거
10	내가 원하는	현재
10-1	당신이 해만 준다면	가정법과거
11	당신은 말했어요	과거
11-1	당신은 할 거라고	과거
12	당신이 만든 의무감 같은	과거
13	보통 사람들은 다 갖고 있는 (다른 사람들이 준)	과거

2.15.A-3 영작 3단계 - 문장의 형식 결정

1	당신이 서 있는 걸 보았을 때	P5
1-1	나는 의자에서 떨어질 뻔 했어요	P3
2	그리고 당신이 말을 하려고 당신의 입술을 움직였을 때	P5
2-1	난 피가 거꾸로 흐르는 것을 느꼈어요 (난 피가 발로 향하는 것을 느꼈어요)	P5
3	시간이 걸렸네요	P3
3-1	당신이 그렇게 보여주지 않으려고 하는	P3
4	무언가가 소리쳐요	P1
5	난 간절함이 보여요	P3
6	난 당신을 사랑해요	P3
7	내가 당신을 원하다	P3
8	그렇게 되고 말 거에요	P2
9	당신은 나를 사랑해 줄거에요	P3
10	내가 원하는 바죠	P3
10-1	당신이 그렇게 되도록 해만 준다면	P5
11	당신은 당신 자신에게 말했어요	P4
11-1	당신의 감정들이 절대 드러내지 않도록 할 거라고	P5
12	당신이 만든 의무감 같은	P3
13	보통 사람들은 다 갖고 있는 (다른 사람들이 준)	P3

2.1.15.A-4 영작 4단계 - 영어의 Pattern 순서로 위치 변경

no	S	V	C or O	O or C	P#
1	-때 내가	보았다	당신이	서있는 -거기에	5
1-1	난	-뻔 넘어질	의자에서		3
2	-때 당신이	움직였을	입술을	말하려고	5
2-1	난	느꼈어요	피가	가는 것을 -발 쪽으로	5
3	-자 가인칭	걸렸어요	시간이	-내가 -아는 데	3
3-1	-무엇인지 당신이	노력했던	-그렇게 보여주지 않으려고		3
4	무언가 -내 영혼 속	소리쳐요			1
5	난	보여요	간절함이	-당신의 -푸른 눈동자 -안에서	3
6	-그대여 난	사랑해요	당신을	-원하는 -나를	3
7	-그건 내가	원한다는	당신을		3
8	-그건 가인칭	존재해야만 하는			2

9	-그대여 당신은	사랑할 거에요	나를	-원하는 -당신을	3
10	-그게 내가	원하는			3
10-1	-만일 당신이	단지 하게 한다면	그게	그렇게	5
11	당신은	말했어요	당신 자신에게	**11-1**	4
11-1	당신은	절대 하지 않을 거에요	당신의 감정이	나타나게	5
12	-의무감 당신이	만든	-다 갖는		3
12-1	다른 사람들이	준			3

2.15.B. 영어 부문

I'd love you to want me

When I saw you standing there
I about fell out my chair
And when you moved your mouth to speak
I felt the blood go to my feet
Now it took time for me to know
what you tried so not to show
Something in my soul just cries
I see the want in your blue eyes Baby,
I'd love you to want me
The way that I want you
The way that it should be
Baby, you'd love me to want you
The way that I want
if you'd only let it be
You told yourself years ago
you'd never let your feelings show
The obligation
that you made for the title
that they gave

(* 읽기 목표 시간 - 35 초)

2.15.B-1 번역 1단계 - 문장 구분하기

1	When I saw you standing there
1-1	I about fell out my chair
2	And when you moved your mouth to speak
2-1	I felt the blood go to my feet
3	Now it took time for me to know
3-1	what you tried so not to show
4	Something in my soul just cries
5	I see the want in your blue eyes.
6	I'd love you to want me
7	The way that I want you
8	The way that it should be
9	You'd love me to want you
10	The way that I want
10-1	if you'd only let it be
11	You told yourself years go
11-1	you'd never let your feeling show
12	The obligation that you made for the title
12-1	that they gave

2.15.B-2 번역 2단계 - 주어, 동사 찾기와 동사의 시제 파악

1	When I saw	과거
1-1	I about fell out	과거
2	And when you moved	과거
2-1	I felt	과거
3	Now it took	과거
3-1	what you tried	과거
4	Something in my soul just cries	현재
5	I see	현재
6	I'd love you	과거
7	The way that I want	현재
8	The way that it should be	과거
9	You'd love	과거
10	The way that I want	현재
10-1	if you'd only let	가정법과거
11	You told	과거
11-1	you'd never let	과거
12	The obligation that you made for the title	과거
12-1	that they gave	과거

2.15.B-3 번역 3단계 - 문장의 형식 파악

1	When I saw you standing there	P5
1-1	I about fell out my chair	P1
2	And when you moved your mouth to speak	P5
2-1	I felt the blood go to my feet	P5
3	Now it took time for me to know	P3
3-1	what you tried so not to show	P3
4	Something in my soul just cries	P1
5	I see the want	P3
6	I'd love you to want me	P3
7	The way that I want you	P3
8	The way that it should be	P2
9	You'd love me to want you	P3
10	The way that I want	P3
10-1	if you'd only let it be	P5
11	You told yourself years go	P4
11-1	you'd never let your feeling show	P5
12	The obligation that you made for the title	P3
12-1	that they gave	P3

2.15.B-4 번역 4단계 - 복문장의 경우 문장과 문장간의 관계 파악

1 It	When I saw you standing there	이 문장의 조건에 대한 결과로 1-1 문장이 왔다
1-1	I about fell out my chair	
2 It	And when you moved your mouth to speak	이 문장 조건의 결과로 2-1문장이 온다
2-1	I felt the blood go to my feet	
3 Vo	Now it took time for me to know	3문장 'to know'의 목적어 대신 온 3-1문장이 왔다.
3-1	what you tried so not to show	
10 Dw	The way that I want	10-1문장 가정의 전제로 이 문장이 온 것
10-1	if you'd only let it be	
11 Fp44	You told yourself years go	told의 2번째 목적어 즉 직접목적어 대신 11-1 문장이 온 것임
11-1	you'd never let your feeling show	
12 At	The obligation that you made for the title	
12-1	that they gave	12문장의 title을 설명하는 문장

- It(If-then) ; 조건의 문장이 먼저 나오고 뒤에 그 결과의 문장이 나옴 Dw의 반대형
- Vo(Verb object) ; 본동사가 아닌 중간에 나오는 동사(현재분사, 동명사, to-부정사)의 목적어로 온 문장
- Dw(Do-While형) ; 결론을 먼저 말하고 뒤의 문장에서 보충적 설명하는 형태
- Fp44(Five pattern 4th of #4) ; 4형식 직접목적어 자리에 문장이 온 형태 (직접목적절)
- At At(Attatched형) ; 어떤 단어를 뒤에서 설명하는 문장(관계대명사)

2.15.B-4 번역 5단계 - Pattern의 순서로 분리

no	S	V	C or O	O or C	P#
1	-when I	saw	you	standing -there	5
1-1	I	-about fell out	my chair		1
2	-And -when you	moved	your mouth	to speak	5
2-1	I	felt	the blood	go -to my feet	5
3	-Now it	took	time	-for me -to know (3-1)	3
3-1	-what you	tried	-so not to show		3
4	Something -in my soul	-just cries			1
5	I	see	the want	-in your blue eyes	3
6	I	would love	you	-to want -me	3
7	-The way -that				

		I	want	you		3
8	-The way -that it		should be			2
9	-Baby	you	would love	me	-to want you	3
10	The way that I		want	you		3
10-1	-if	you	would only let	it	be	5
11		You	told	yourself	11-1 -years go	4
11-1		you	would never let	your feelings	show	5
12	-The obligation -that	you	made	-for the title (12-1)		3
12-1	-that	they	gave			3

2.16.C. 문장 분석

Now it took time for me to know what you tried so not to show.

의역 -> 자, 이제 당신이 그렇게 보여주지 않으려고 하는 것을 내가 아는데
       시간이 걸렸네요

2문장으로 구성

(1) 번 문장

Now, it took time for me to know

의역 -> 내가 아는데 시간이 걸렸다.
(주어 + 동사 + 목적어 ;P3-과거형)

Now는 가끔 의미 없이 '문장 시작할 때 하는 말 '자' 혹은 '이제'의 뜻으로 종종 사용된다. 반드시 현재진행형에서 '지금'을 뜻하는 것은 아니고 '그 당시의 시점'을 뜻하기도 한다. 즉 과거진행형에도 사용될 수 있다는 말이다.

이 문장에서 주어는 가인칭 'it'이지만 내용상 주어는 'for me'의 'me' 즉 'I'가 된다. 이러한 경우를 의미상의 주어로 사용된다고 한다.

(2) 번 문장

What you tried so not to show.

의역 -> 당신이 그렇게 보여주지 않으려고 했던 것이 무엇인가
(주어 + 동사 + 목적어 ;P3-과거)

이 문장은 의문문의 형태이지만 자체가 의문문은 아니므로 조동사 없이 '주어 + 동사'의 순으로 된 것이다.

'what'은 'to show'의 목적어로 사용된 의문문이다. 이것이 확실한 이유는 주동사

'tried'의 목적어가 'not to show'이기 때문에 'what'을 목적어로 필요로 하는 동사는 'to show' 밖에 없기 때문이다.

 이 문장은 앞의 문장 'to know'의 목적어 대신 온 문장이다. 그러니까 'to know'의 목적절이라고 할 수 있다. 이렇게 본동사가 아닌 문장의 중간에 나타나는 동사의 형태가 타동사인 경우 그 목적어가 필요한데 그 때 목적어 대신 문장이 오는 경우가 종종 있다. 이러한 경우를 '복문장 7가지 원칙 중 본동사가 아닌 타동사의 목적절'인 경우이다. 복문장 6번째 원칙에 해당한다. (필자 저서 '복문장의 모든 것' 중)
이러한 동사에는 타동사, 동명사, 현재분사가 있다.
예를 들면

I don't want to know what you did yesterday.
의역 -> 난 네가 어제 무엇을 했는지 알고 싶지 않아.

이 문장에서 'what you did yesterday'는 'to know' 때문에 온 것이다.

2.16 Pledging my love

미국을 대표하는 컨트리 가수 Emmylou Harris가 부른 감미롭고 아름다운 사랑의 노래이다. 약간은 남성적이고 허스키함이 살짝 있지만 그러한 음색이 바로 그녀의 장점이며 특징이라고 할 수 있다. 그리고 그녀가 부른 대부분의 곡들이 밝고 빠른 노래보다 느리고 서정적이며 슬픈 곡들이 많다.
1947년 미국 버밍햄에서 태어났으며 어렸을 때부터 컨트리에 심취하여 음악생활을 시작하였고 우여곡절을 겪다가 자신의 밴드를 조직하면서 대형 음반사와 계약을 하게 되고 1975년 앨범을 발표하면서 이름을 알리기 시작하고 그 해 컨트리 차트에 넘버원을 기록하게 되면서 컨트리 가수로서 확고한 명성을 얻게 된다. 그 후 Elite Hotel로 그래미상을 수상하게 되는 등 많은 히트곡을 내면서 컨트리를 대표하는 가수가 되었다.
특히 그녀는 매우 슬픈 음색 때문에 '가장 슬픈 목소리의 여가수'로 불린다.
컨트리 음악은 오늘날 팝 음악의 시조라고 할 수 있다.
미국의 팝음악은 그 뿌리가 둘로 나뉜다. 하나가 '블루스'이고 또 하나가 바로 '컨트리음악'이다. 블루스가 흑인들로부터 시작한 흑인들의 대표적인 음악이라고 한다면 컨트리는 유럽에서 건너 온 백인들의 음악이다.
비교적 밝고 건전하며 빠른 템포의 곡들이 많다.
악기 구성은 주로 어쿠스틱 기타, 벤죠, 만돌린, 바이올린 등 서민들이 쉽게 주위에서 접할 수 있는 악기와 음악이다.
오늘날 컨트리음악의 본고장은 미국의 내쉬빌로 알려져 있다. 라디오방송 프로그램 중 하나인 'Opry Grand Show'의 공개방송이 점점 유명해지면서 오늘날 내쉬빌을 대표하는 Park로 조성되어 컨트리를 대표하는 Park가 되었다.
Pledging my love 이 노래는 창법이나 노래의 멜로디 화성 진행이 특히 우리나라 사람들이 좋아할만한 요소가 매우 많다.
트로트에 가까운 정서를 갖고 있다. 가요를 부를 때처럼

2.16.A 한글 부분

Pledging my love

영원한 내 사랑이여
내 사랑은 진실해 질 거에요.
항상 그리고 영원히
난 당신만을 사랑할 거에요.

내게 꼭 약속해 주세요
그 대가로 당신의 사랑을
내 영혼의 애인 마음속에 있는
있을 수 있는 내 열정(불꽃)이
영원히 태워진 상태로 있기를

나의 마음은 당신의 명령에 달려있어요
사랑을 지키기 위해서
그리고 사랑을 붙잡아 두기 위해서

당신을 행복하도록 만드는 건
나의 소망이에요.
당신을 여기 계속 있도록 하는 건
나의 목표죠.

난 영원히 당신을 사랑할 거에요
나의 나머지 날들은
당신과 그리고 당신의 사랑의 길들과
절대 헤어지지 않을 거에요

2.16.A-1 영작 1단계 – 문장 찾기와 여러 개로 구분하기

1	영원한 내 사랑이여
2	내 사랑은 진실해 질 거에요 항상 그리고 영원히
3	난 당신만을 사랑할 거에요
4	내게 꼭 약속해 주세요 그 대가로 당신의 사랑을 (그리고) 내 영혼의 애인의 마음 속에 있을 수 있는 내 열정이 영원히 태워진 상태로 있기를
5	나의 마음은 당신의 명령에 달려있어요 사랑을 지키기 위해서 그리고 사랑을 붙잡아 두기 위해서
6	당신을 행복하도록 만드는 건 나의 소망이에요
7	당신을 여기 계속 있도록 하는 건 나의 목표죠
8	난 영원히 당신을 사랑할 거에요
9	나의 나머지 날들은 당신과 그리고 당신의 사랑의 길들과 절대로 헤어지지 않을 거에요

2.16.A-2 영작 2단계 – 주어, 동사 찾기와 동사의 시제 결정하기

1	영원한 내 사랑이여	감탄문
2	내 사랑은 ~ 질 거에요	미래
3	난 사랑할 거에요	미래
4	꼭 약속해 주세요	현재
5	나의 마음은 있어요	현재

6	당신을 행복하도록 만드는 건 ~이에요	현재
7	당신을 여기 계속 있도록 하는 건 ~이에요	현재
8	난 영원히 사랑할 거에요	미래
9	나의 나머지 날들은 절대로 헤어지지 않을 거에요	미래

2.16.A-3 영작 3단계 – 문장의 형식 결정

1	영원한 내 사랑이여	감탄문
2	내 사랑은 진실해 질 거에요	P2
3	난 당신만을 사랑할 거에요	P3
4	내게 꼭 약속해 주세요 그 대가로 당신의 사랑을 (그리고) 내 영혼의 애인의 마음 속에 있을 수 있는 내 열정이 영원히 태워진 상태로 있기를	P4
5	나의 마음은 있어요	P1
6	당신을 행복하도록 만드는 건 나의 소망이에요	P2
7	당신을 여기 계속 있도록 하는 건 나의 목표죠	P2
8	난 영원히 당신을 사랑할 거에요	P3
9	나의 나머지 날들은 당신과 그리고 당신의 사랑의 길들과 절대로 헤어지지 않을 거에요	P3

2.1.16.A-4 영작 4단계 - 영어의 Pattern 순서로 위치 변경

no	S	V	C or O	O or C	P#
1	영원한 내 사랑이여				감탄
2	내 사랑은	질 거에요	진실	-항상 -영원히	2
3	난	사랑할 거에요	당신만을		3
4	(당신은)	약속해 주세요	나에게	당신의 사랑을 -보답으로 이 가능한 열정을 -내 영혼의 애인 안에서 -영원히 -태워진 상태로 있기를	4
5	나의 마음은	있어요	-당신의 명령에	-지키기 위해서 -사랑을 -붙잡아 두기 위해 (사랑을)	1
6	만드는 건 -당신이 -행복하게	이에요	나의 소망		2
7	계속 있도록 하는 건 -당신을	이에요	나의 목표에요		2

8	-여기에 난	사랑할 거에요	당신을	-영원히	3
9	-나의 나머지 날들은 나는	결코 헤어지지 않을 거에요	당신과 -그리고 당신의 사랑의 길들과		3

2.16.B. 영어 부문

Pledging my love

Forever my darling
My love will be true
always and forever
I`ll love just you

Just promise me, darling
your love in return
may this fire in my soul dear
forever burn

My heart`s at your command, dear
to keep love and to hold
Making you happy is my desire
Keeping you here is my goal

I`ll forever love you
The rest of my days
I`ll never part from you
and your loving ways

(* 읽기 목표 시간 – 25 초)

2.16.B-1 번역 1단계 - 문장 구분하기

1	Forever my darling
2	My love will be true always and forever
3	I'll love just you
4	Just promise me, darling your love in return may this fire in my soul, dear forever burn
5	My heart is at your command, dear to keep love and to hold
6	Making you happy is my desire
7	Keeping you here is my goal
8	I'll forever love you
9	The rest of my days I'll never part from you and your loving ways.

2.16.B-2 번역 2단계 - 주어, 동사 찾기와 동사의 시제 파악

1	Forever my darling	감탄문
2	My love will be	미래
3	I'll love	미래
4	Just promise	현재 (명령문)
5	My heart is	현재
6	Making you happy is	현재
7	Keeping you here is	현재
8	I'll forever love	미래
9	I'll never part from	미래

2.16.B-3 번역 3단계 - 문장의 형식 파악

1	Forever my darling	감탄문
2	My love will be true	P2
3	I'll love just you	P3
4	Just promise me, darling your love in return (and) my this fire in my soul, dear forever burn	P4
5	My heart is	P1
6	Making you happy is my desire	P2
7	Keeping you here is my goal	P2
8	I'll forever love you	P3
9	I'll never part from you and your loving ways.	P3

2.16.B-5 번역 5단계 - Pattern의 순서로 분리

no	S	V	C or O	O or C	P#
1	**Forever my darling**				감탄
2	**My love**	**will be**	**true**	-always -and -forever	2
3	**I**	**will love**	-just **you**		3
4	**(you)**	-Just **promise**	**me**	**your love** **-in turn** (and) **may this fire** -in my soul -dear -forever burn	4
5	**My heart**	**is**	-at your command	-dear -to keep love -and to hold (love)	1
6	**Making** -you -happy	**is**	**my desire**		2

7	**Keeping** -love -here	*is*	*my goal*		2
8	*I*	**will** -forever **love**	*you*		3
9	-The rest of my days *I*	**will never part from**	*you* -and *your loving ways*		3

2.16.C. 영작 부문

Just promise me, darling, your love in return
　　　　　　　　may this fire in my soul dear forever burn.

(* 여기서 'burn'은 문맥상으로 볼 때 과거분사인 'burned'가 되어야 한다. 잘못된 표현으로 여겨진다. 앞에 forever 단어가 있는 것으로 보아 과거분사의 표현이 적당하기 때문이다.)

직역 -> 꼭 나에게 약속해줘, 사랑하는 당신, 당신의 사랑을 보답으로
　　　　(그리고) 내 영혼의 애인 속에 있는 있을 수 있는 이 나의 불꽃이
　　　　영원히 타는 상태로 있기를

의역 -> 사랑하는 이여, 당신의 사랑을 보답으로 그리고 내 영혼 속에 있는
　　　　있을 지도 모를 이 나의 불꽃이 영원히 타고 있도록
　　　　나에게 꼭 나에게 약속해줘요, 사랑하는 이여!

(주어 + 동사 + 제1 목적어 + 제2 목적어 ; P4-현재형)

1개의 문장으로 구성

- 4형식만으로 간단히 줄이면
  (You) Just promise me your love and this fire.
  이 된다.
  (You) Just promise me your love and
  (You) Just promise me this fire burned.
  이라고 하여 뒤의 문장을 5형식으로 볼 수도 있지만 '명사 + 보어'의 형태로 워낙 많이 사용되는 것이므로 2개의 문장으로 구분하는 것보다 앞의 문장 전체가 반복되는 것으로 해석하는 것이 더 자연스러울 것이다.

- 주어 (You)가 생략된 것으로 명령어에서는 주어를 생략하는 것이 좋다. 만일 명령어에서 주어를 생략하지 않으면 너무 강조한 나머지 실례가 될 수 있다.

- 'darling'은 애인을 부르는 호칭으로 문장의 중간 중간 애정의 느낌을 강조하기

위해 중간 중간 부르는 것이다.

- 'in return'은 '보답으로'의 뜻으로 'your love'를 설명하는 말이다. 이와 같은 단어나 구는 그 위치가 설명하고자 하는 단어의 바로 위에 있어야 한다.
- 'may'가 동사 앞에서 위치할 때는 조동사로서 주로 '~할지도 모른다'의 의미로 사용되지만 이처럼 동사가 아닌 단어나 구의 앞에서 사용될 때는 '가능성'을 의미한다. 명사로 '가능성 - possiblity'을 의미하기도 한다.
- 'this fire forever burn'과 같은 형태는 5형식에서 목적어, 목적보어와 마찬가지로 목적어를 설명하는 단어가 목적보어이듯이 사용되는 것이다. 즉 'this fire'가 'forever burn' 상태로 된다는 것을 의미한다. 직역하면 '이 불꽃이 영원한 상태로 된다'의 뜻이 된다. 우리말로 하면 뒤의 목적어를 형용사처럼 단어의 앞에 오는 것으로 해석하여도 무방하다.
- 'burn'은 'burned' 즉 과거분사가 잘못 사용된 것으로 보인다. 과거분사는 어떤 상태가 지속되고 있는 상황이다. '현재분사'와 대별되는 개념으로 '현재분사' 즉 어떤 동작 중인 상태가 오래 지속되고 있는 것이 '과거분사'이다. 동작 중 상태 앞에 'be'동사를 붙여 이 시제가 현재진행인지, 과거진행인지, 미래진행인지를 결정하게 된다. 현재분사가 오래 지속하고 있는 것을 계속 진행형이라고 하기엔 무리가 있다. 2~3일 이상 진행하게 되면 현재진행이라고 하기 어색하다. 그래서 영어에서 과거분사라는 동사의 형태가 발달하게 된 것으로 보인다. 이 부분이 이해가 되지 않는 것은 우리말에 동사의 '과거분사'라는 개념이 없기 때문이다. 그러므로 이렇게 우리말에 없는 것은 설명만으론 부족하다. 책을 많이 읽어서 어떤 상황에서 사용되는지를 보고 이해하는 것이 훨씬 좋다.
  어쩌면 우리가 언어를 배울 때 가장 필요한 것이 어떤 상황에서 어떤 표현을 사용하는 것이냐의 문제일 수 있다.
- 'in my soul dear'가 'this fire' 바로 뒤에 위치하는 것은 위에서 설명한 'in return'과 마찬가지로 'this fire'가 'in my soul dear' 안에 있기 때문이다. 이처럼 어떤 단어가 그 장소 안에 있는 것을 설명할 때는 바로 뒤에 써야 한다. 그

렇지 않고 'in my soul dear'를 문장의 제일 뒤로 보내면 'burn'을 설명하는 것이 되므로 다른 의미가 된다. 예를 들면

Your friend at the company sends me emails sometimes.
회사에 있는 너의 친구가 나에게 메일을 자주 보낸다.
의 의미가 되지만 만일 'at the company'를 문장의 뒤에 위치하면

Your friend sends me emails at the company sometimes.
너의 친구가 회사 메일로 나에게 가끔 메일을 보낸다.

Your friend sends her at the company emails sometime.
너의 친구가 그 회사에 다니는 그 여자에게 메일을 가끔 보낸다.

이처럼 그 위치에 따라 의미가 달라지므로 단어나 구는 문장 안에서 사용되는 순서나 위치가 매우 중요하다. 이 것이 바로 영어의 핵심이다.

 Your friend sends her emails sometimes at the company.
이렇게 장소를 제일 뒤로 보내면 아예 말이 안될 수가 있다.
'at the company'가 'Your friends'와 'her' 둘 다가 같은 회사에 다니는 것을 전제로 이야기 하는 것이므로 구태여 이렇게 표현할 이유가 없다. 회사 안에서 서로 보낸다는 말인데 그렇다면 회사의 'email' 시스템을 이용하는 것인지 아니면 그냥 회사에서 그러한 일을 한다는 것인지가 약간 명확하지가 않다. 정 그렇다면 'in the company'라고 하여야 한다.
이렇게 문장의 제일 끝에 장소에 해당하는 단어나 구를 위치하는 경우는 거의 없다. 'I walk in the park.'처럼 장소에 해당하는 단어나 구가 명확하게 의미가 있으면서 문장의 제일 뒤로 갈 때는 당연히 문제되지 않는다.

부록 1. 동사의 16가지 시제의 예

현재형	I look for her	나는 그녀를 찾습니다.
현재진행	I am looking for her	나는 그녀를 찾고 있는 중입니다(
	*가끔은 이미 확정되고 곧 실현될 미래 즉 이미 마음을 먹은 상태일 때 사용된다.	
과거	I looked for her	나는 그녀를 찾았습니다.
과거진행	I was looking for her	냐는 그녀를 찾고 있는 중이었습니다
현재완료	I have looked for her	나는 그녀를 죽 찾고 있는 상태입니다
	*완료형은 우리나라 말에 없는 시제로 이해가 어렵다. 어떤 상태가 지속되는 상황에 사용된다. 현재완료는 그러니까 그런 상태가 지금 지속되고 있는 상황이다.	
과거완료	I had looked for her	나는 한때 그녀를 찾은 적이 있었습니다
	*지금은 아니고 과거 한 때 상태가 지속되고 있는 상황이었다.	
미래	I will look for her	나는 그녀를 찾을 것입니다
미래진행	I will be looking for her	나는 그녀를 찾고 있는 중일 것입니다 (꼭 찾을 것입니다)
	*확정된 미래에 사용된다. 그러므로 '꼭 ~할 것이다'의 뜻으로 볼 수 있다.	
현재완료 진행	I have been looking for her	나는 그녀를 엄청 찾아 헤맸습니다 (오로지 찾기만 했다는 과장된 표현)
	*과장된 표현에 주로 사용한다. 현재진행이 계속 지속되고 있는 상황이다. I am looking for her. 문장에서 'am'을 완료형으로 했다. ~ have been ~	
과거완료 진행	I had been looking for her	나는 한때 그녀를 엄청 찾아 헤맸습니다
	*현재완료진행과 마찬가지 개념으로 지금은 아니고 과거 한 때 그런 상황이 지속되고 있었다는 과장된 표현 I was looking for her. 문장에서 'was'를 과거완료형으로 했다. ~ had been ~	
미래완료	I will have looked for her	나는 한동안 그녀를 찾을 것입니다

	*미래 어느 시점에서 한동안 상태가 지속될 때 사용한다. I will have stayed in NY for 3 years. 뉴욕에서 3년간 있는 상태가 될 거야.	
미래완료 진행	I will have been looking for her	나는 한동안 그녀를 찾는 것만 할 것입니다
	*위 문장의 예제로 보면 '뉴욕에서 3년간 처박혀 있게 될 거야'와 같이 과장된 표현을 할 때 사용한다.	
가정법 과거	I would look for her	나는 그녀를 찾았을 겁니다
	*과거에서 미래를 말할 때 주로 사용된다. ~ should ~ 나는 그녀를 찾아야만 했습니다. ~ could ~ 나는 그녀를 찾을 수 있었습니다. ~ might ~ 나는 그녀를 찾았을 지도 모릅니다. *전부 실제는 그렇게 하지 않았다는 의미이다. 즉 가정해서 말하는 것이다. I would like to drink something.은 실제로는 '뭔가를 마셨으면 좋았을텐데'의 의미로 과거처럼 보이지만 지금도 현재 그렇다는 의미로 종종 사용된다. 그러면 표현이 훨씬 완곡해진다. 그래서 정중한 표현처럼 되는 것이다.	
가정법 과거완료	I would have looked for her	나는 한동안 그녀를 찾았을 겁니다
가정법 과거진행	I would be looking for her	나는 그녀를 찾고있는 중이었을 겁니다
가정법과거 완료진행	I would have been looking for her	나는 한동안 그녀를 엄청 찾아 헤매고 있었을 겁니다
	*완료진행형이므로 지속되고 있는 상태를 과장되어 표현할 때 사용한다.	

● 가정법은 먼저 'if'가 아닌 'would, should, could, might'를 먼저 잘 이해하여야 한다.

부록 2. 복문장을 구성하는 단문장 연결 7가지 규칙

Pattern #1. (Five Pattern형 ; Fp형)
문장의 5형식 안에 중복되어 들어간 복문장(중복된 문장이라고 하여 중문)

  1.1 F11 1형식 주어의 자리에 중복된 문장 (주절)

  1.2 F2 2형식 주어나 보어의 자리에 중복된 문장

    1.2.1 F21 2형식 주어의 자리에 중복된 문장 (주절)

    1.2.2 F23 2형식 보어의 자리에 중복된 문장 (보어절)

    1.2.3 F213 2형식 주어와 보어의 자리에 동시에 중복된 문장 (주절+보어절)

  1.3 F3 3형식 주어나 목적어 자리에 중복된 문장

    1.3.1 F31 3형식 주어의 자리에 중복된 문장 (주절)

    1.3.2 F33 3형식 목적어 자리에 중복된 문장 (목적어)

    1.3.3 F313 3형식 주어와 목적어 자리에 동시에 중복된 문장 (주절+목적절)

  1.4 F4 4형식 주어나, 제1목적어, 제2목적어 자리에 중복된 문장

    1.4.1 F41 4형식 주어의 자리에 중복된 문장 (주절)

    1.4.2 F43 4형식 제1목적어 자리에 중복된 문장 (제1목적절=간접목적절)

    1.4.3 F44 4형식 제2목적어 자리에 중복된 문장 (제2목적절=직접목적절)

    1.4.4 F413 4형식 주어와 제1목적어 자리에 동시에 중복된 문장 (주절+제1목적절)

    1.4.5 F414 4형식 주어와 제2목적어 자리에 동시에 중복된 문장 (주절+제2목적절)

    1.4.6 F434 4형식 제1목적어, 제2목적 자리에 동시에 중복된 문장
        (제1목적절+제2목적절)

    1.4.7 F4134 4형식 주어, 제1목적어, 제2목적어 자리에 동시에 중복된 문장
        (주절+제1목적절+제2목적절)

  1.5 F5 5형식 주어, 목적어, 목적보어 자리에 중복된 문장

    1.5.1 F51 5형식 주어 자리에 중복된 문장 (주절)

    1.5.2 F53 5형식 목적어 자리에 중복된 문장 (목적절)

    1.5.3 F54 5형식 목적보어 자리에 중복된 문장 (목적보어절)

1.5.4   F513 5형식 주어와 목적어 자리에 동시에 중복된 문장 (주절+목적절)

1.5.5   F514 5형식 주어와 목적보어 자리에 동시에 중복된 문장 (주절+목적보어절)

1.5.6   F534 5형식 목적어, 목적보어 자리에 동시에 중복된 문장
(목적절+목적보어절)

1.5.7   F5134 5형식 주어, 목적어, 목적보어 자리에 동시에 중복된 문장
(주절+목적절+목적보어절)

Pattern #2 (Pr형)

Process형 – 문장이 순서대로 나열된 문장 (모든 접속사 사용 문장)

Pattern #3 (It형)

If-then형 – if, when의 조건문이 앞에 오고 그 결과의 문장이 뒤에 오는 문장

Pattern #4 (Dw형)

Do-While형 결과의 문장이 먼저 오고 뒤에 어떤 상황이나 조건을 설명하는 문장

Pattern #5 (At형)

Attached형 – 어떤 단어를 뒤에서 문장으로 설명하는 문장 (관계대명사의 문장)

Pattern #6 (Vo형)

Verb Object형 – 본동사가 아닌 동사(to부정사, 현재분사, 동명사)의 목적어로 온 문장

Pattern #7 (Po형)

Preposition Object형 – 전치사의 목적어로 온 문장

위의 7가지 복문장 **Pattern**이 혼합되어 3개 이상의 복문장이 올 수 있다. 그러므로 모든 복문장은 위의 기호를 사용하여 코드로 표현이 가능하다.

(*보다 자세한 내용과 예제 문장은 필자의 저서 '복문장 영작의 모든 것' 참조)

부록 3. 교재에 있는 모든 복문장의 구조에 대한 설명

(팝송4 교재 1과부터 들어있는 모든 복문장이 발생한 순서대로 기재되어 있음)

- Vo (Verb object 본동사가 아닌 동사의 목적어)
  본동사가 아닌 중간에 나오는 동사(현재분사, 동명사, to-부정사)의 목적어로 온 문장
  Night breezes seem to whisper I love you.
- Pr (Process형) ; 발생한 시간의 순서대로 나열한 문장
  Say 'night-ie night' and kiss me.
- Pr-Fp44 (Process - Five pattern 4형식 4번째 자리)
  대등한 2개의 문장으로 연결되어 있는데 뒤의 문장이 4형식 2번째 목적어 자리에 문장이 왔다. 즉 직접목적어 자리에 문장이 왔으므로 구태여 말하면 '직접목적절'이 된다.
  Just hold me tight and tell me you will miss me.
- It(If-then형) ; 조건의 문장이 먼저 나오고 뒤에 그 결과의 문장이 나옴 Dw의 반대형
  While I am alone and blue as I can be (alone and blue)
- Pr (Process형) ; 발생한 시간의 순서대로 나열한 문장
  Stars (are) fading but I linger on.
- Pr-Dw-At(Process – Do-while –Attached) ; 2개의 문장이 나열되어 있고 뒤의 문장에는 어떤 조건이 붙는다. 그리고 다시 뒤 문장의 어떤 단어(sweet dreams)를 덧붙여 설명하고 있다.
  I am longing to linger just saying this sweet dreams till sunbeams find you sweet dreams that leave our worries behind you.
- Dw(Do-while) ; 결론을 먼저 말하고 뒤의 문장에서 보충적 설명하는 형태
  In your dreams whatever they be, dream a little dream of me.
- AT(Attatched형) ; 어떤 단어를 뒤에서 설명하는 문장(관계대명사)
  What am I supposed to do with the love I have for you.
- Dw(Do-While형) ; 결론을 먼저 말하고 뒤의 문장에서 보충적 설명하는 형태
  Am I supposed to let it live until you are ready to forgive.
- Pr(Fp33)-Vo(Process – Five pattern 3th of #3 – Verb Object) ; 전체적으로 나열된 2개의 문장이 있고 앞의 문장 3형식 목적어 대신 문장이 왔고 뒤의 문장엔 본동사가 아닌 'to act'의 목적어로 문장이 왔다.

Should I think that you love me still or am I supposed to act just like you never come back.
- Dw(Do-While형) ; 결론을 먼저 말하고 뒤의 문장에서 보충적 설명하는 형태
  What I am supposed to say if by chance we meet someday.
- Dw(Do-While형) ; 결론을 먼저 말하고 뒤의 문장에서 보충적 설명하는 형태
  This heartache can never end till you are in my arms again.
- It-Fp33(If-then – Five pattern 3rd of #3) ; 조건의 문장이 앞에 오고 뒤에 결과의 문장이 있는데 그 결과의 문장이 3형식이고 목적어 자리에 문장이 온 형태
  And though I am wide awake, I know my dream is coming here.
- Pr(Process형) ; 발생한 시간의 순서대로 나열한 문장
  There I go by, fall in love again.
- It-Pr(If-then - Process) ; 조건의 문장이 앞에 오고 뒤에 결과의 문장이 대등한 문장 2개로 연결되어 있는 형태
  And when I do, I don't help myself, I fall in love with you.
- Dw(Do-While형) ; 결론을 먼저 말하고 뒤의 문장에서 보충적 설명하는 형태
  Heaven is that moment when I look into your eyes.
- Fp33(Five pattern 3rd of #3) ; 3형식 목적어에 문장이 온 형태 (목적절)
  I just can't believe it is true.
- It-Fp33(If-then – Five pattern 3rd of #3) ; 조건의 문장이 앞에 오고 뒤에 결과의 문장이 있는데 그 결과의 문장이 3형식이고 목적어 자리에 문장이 온 형태
  When I kissed you I knew how sweet a kiss could be.
- Fp33(Five pattern 3rd of #3) ; 3형식 목적어에 문장이 온 형태 (목적절)
  I know how sweet a kiss can be.
- It-At(If-then – Attached) 전체적으로 앞의 문장에서 조건을 제시하고 뒤의 문장에서 그 결과의 문장이 오는 형태이며 뒤의 문장에 어떤 단어를 덧붙여 설명하는 문장이 왔다.
  Though we have got to say 'Goodbye' for the summer I'll promise you this I'll send you all my love everyday in a letter sealed with a kiss.
- Pr(Process형) ; 발생한 시간의 순서대로 나열한 문장
  But, I feel the emptiness I'll send you all my dreams every day in a letter sealed with a kiss.

- AT(Attached) ; 어떤 단어를 뒤에서 설명하는 문장(관계대명사)
  I don't want to say 'Goodbye' for the summer knowing the love we'll miss.
- Pr-Fp33(Process – Five pattern 3rd of #3) ; 대등한 2개의 문장이 나열되어 있는데 뒤의 문장 목적어 자리에 문장이 왔다.
  He said he had to work so I went to the show alone.
- Pr(Process형) ; 발생한 시간의 순서대로 나열한 문장
  They turned down the lights and turned the projector on.
- Fp33(Five Pattern 3형식 3번째 자리) ; 3형식 목적어 자리에 문장이 왔음 (목적절)
  I saw my darling and my best friend walked in.
- It(If-then형) ; 조건의 문장이 먼저 나오고 뒤에 그 결과의 문장이 나옴. Dw의 반대형
  Although I was sitting right there they didn't see.
- It(If-then형) ; 조건의 문장이 먼저 나오고 뒤에 그 결과의 문장이 나옴. Dw의 반대형
  And when he kissed her lips I almost died.
- Pr(Process형) ; 발생한 시간의 순서대로 나열한 문장
  And so I got up and slowly walked on home.
- Pr-Fp33(Process – Five pattern 3rd of #3) ; 대등한 2개의 문장이 나열되어 있는데 뒤의 문장 목적어 자리에 문장이 왔다.
  And mama saw the tears said 'what's wrong?'.
- Fp33(Five Pattern 3형식 3번째 자리) ; 3형식 목적어 자리에 문장이 왔음 (목적절)
  I just said 'Sad movies make me cry'.
- At(Attached) ; 어떤 단어를 뒤에서 설명하는 문장(관계대명사)
  Try to remember the kind of September when life was slow and so mellow.
- At-Pr(Attached – Process) 문장의 어떤 단어를 설명하기 위해 2개의 연이은 문장이 왔다.
  Try to remember the kind of September when grass was green and grain was yellow.
- At(Attached) ; 어떤 단어를 뒤에서 설명하는 문장(관계대명사)
  Try to remember the kin d of September when you were a tender and callow fellow.

- It(If-then) ; 조건의 문장이 먼저 나오고 뒤에 그 결과의 문장이 나옴 Dw의 반대형
  If you remember then follow.
- At(Attached) ; 어떤 단어를 뒤에서 설명하는 문장(관계대명사)
  When life was so tender that no one wept except the willow.
- It(If-then) ; 조건의 문장이 먼저 나오고 뒤에 그 결과의 문장이 나옴 Dw의 반대형
  When life was so tender that dreams were kept beside your pillow.
- It(If-then) ; 조건의 문장이 먼저 나오고 뒤에 그 결과의 문장이 나옴 Dw의 반대형
  If you remember, follow.
- Fp33(Five pattern 3rd of #3) ; 3형식 목적어에 문장이 온 형태 (목적절)
  Although you know the snow will follow.
- At(Attached) ; 어떤 단어를 뒤에서 설명하는 문장(관계대명사)
  I could build the mansion that is higher than the trees.
- At(Attached) ; 어떤 단어를 뒤에서 설명하는 문장(관계대명사)
  I could have all the gifts I want and never ask to leave.
- It(If-then) ; 조건의 문장이 먼저 나오고 뒤에 그 결과의 문장이 나옴 Dw의 반대형
  But when I dream I dream of you.
- Pr(Process) ; 발생한 시간의 순서대로 나열한 문장(혹은 대등한 문장으로 나열된 문장-대등절)
  I can put my makeup on and drive the man insane.
- Pr(Process) ; 발생한 시간의 순서대로 나열한 문장(혹은 대등한 문장으로 나열된 문장-대등절)
  I can go to bed alone and never know his name.
- Pr(Process형) ; 발생한 시간의 순서대로 나열한 문장
  I don't know what to do but I come to.
- It(If-then) ; 조건의 문장이 먼저 나오고 뒤에 그 결과의 문장이 나옴 Dw의 반대형
  When it is early in the morning over by the windows day is dawning.
- It-Fp33(If-then – Five pattern 3rd of #3) ; 조건의 문장이 앞에 오고 뒤에 결과의 문장이 있는데 그 결과의 문장이 3형식이고 목적어 자리에 문장이 온 형태
  When I feel the air I feel that life is very good to me.
- Fp44(Five Pattern 4형식 4번째 자리) ; 4형식 직접목적어(혹은 2번째 목적어) 자리에 문장이 왔음 (직접목적절)

Something in the early morning meadow tells me that today you are on your way.
- It(If-then) ; 조건의 문장이 먼저 나오고 뒤에 그 결과의 문장이 나옴 Dw의 반대형
  When it is early in the morning very, very early without warning I can feel a newly born vibration sneaking up on me again.
- Dw(Do while) ; 결론을 먼저 말하고 뒤의 문장에서 보충적 설명하는 형태
  Her lips are warm while yours are cold.
- Fp33-Pr(Five pattern 3rd of #3 – Process) ; 3형식 목적어 자리에 문장(목적절)이 왔는데 그 문장이 대등한 2개의 문장으로 이루어짐
  Can't you see that you'd be a fool to cling to me to live a lie would bring us pain?
- It(If-then형) ; 조건의 문장이 먼저 나오고 뒤에 그 결과의 문장이 나옴 Dw의 반대형
  When an old friend I happened to see I introduced her to my loved one.
- It(If-then형) ; 조건의 문장이 먼저 나오고 뒤에 그 결과의 문장이 나옴 Dw의 반대형
  While they were dancing my friend stole my sweetheart.
- Fp33(Five pattern 3rd of #3) ; 3형식 목적어에 문장이 온 형태 (목적절)
  Now I know just how much I have lost.
- Fp33(Five Pattern 3형식 3번째 자리) ; 3형식 목적어 자리에 문장이 왔음 (목적절)
  I never thought I would know heaven so soon.
- Vo(Verb object) ; 본동사가 아닌 중간에 나오는 동사(현재분사, 동명사, to-부정사)의 목적어로 온 문장
  I couldn't hope to say how I feel.
- At(Attatched형) ; 어떤 단어를 뒤에서 설명하는 문장(관계대명사)
  Dreams that I cherished all have come true.
- At(Attatched형) ; 어떤 단어를 뒤에서 설명하는 문장(관계대명사)
  The love that we share will never grow old.
- At(Attatched형) ; 어떤 단어를 뒤에서 설명하는 문장(관계대명사)
  And closing my eyes I can see through the dark the dream.
- Fp33(Five Pattern 3형식 3번째 자리) ; 3형식 목적어 자리에 문장이 왔음 (목적절)
  I feel I'am a leaf in November snow.

- Vo(Verb object) ; 본동사가 아닌 중간에 나오는 동사(현재분사, 동명사, to-부정사)의 목적어로 온 문장

  So now I am helpless alone with my song just wishing the storm was gone.
- Dw(Do-While형) ; 결론을 먼저 말하고 뒤의 문장에서 보충적 설명하는 형태

  Darling, I love you though you treat me cruel.
- Pr(Process형) ; 발생한 시간의 순서대로 나열한 문장

  You hurt me and you make me happy.
- It(If-then형) ; 조건의 문장이 먼저 나오고 뒤에 그 결과의 문장이 나옴 Dw의 반대형

  But if you leave me I will surely die.
- Dw(Do-While형) ; 결론을 먼저 말하고 뒤의 문장에서 보충적 설명하는 형태

  There will never be another cause I love you so.
- Fp33(Five Pattern 3형식 3번째 자리) ; 3형식 목적어 자리에 문장이 왔음 (목적절)

  Say you will never go.
- Dw(Do-While형) ; 결론을 먼저 말하고 뒤의 문장에서 보충적 설명하는 형태

  I will always want you for my sweet heart no matter what you do.
- It(If-then) ; 조건의 문장이 먼저 나오고 뒤에 그 결과의 문장이 나옴 Dw의 반대형

  When I saw you standing there I about fell out my chair.
- It(If-then) ; 조건의 문장이 먼저 나오고 뒤에 그 결과의 문장이 나옴 Dw의 반대형

  And when you moved your mouth to speak I felt the blood go to my feet.
- Vo(Verb object) ; 본동사가 아닌 중간에 나오는 동사(현재분사, 동명사, to-부정사)의 목적어로 온 문장

  Now it took time for me to know what you tried so not to show.
- Dw(Do-While형) ; 결론을 먼저 말하고 뒤의 문장에서 보충적 설명하는 형태

  The way that I want if you'd only let it be.
- Fp44(Five pattern 4th of #4) ; 4형식 직접목적어 자리에 문장이 온 형태 (직접목적절)

  You told yourself years go you'd never let your feeling show.
- At(Attatched형) ; 어떤 단어를 뒤에서 설명하는 문장(관계대명사)

  The obligation that you made for the title that they gave.

부록 4. 영작과 번역을 위한 양식

1. 영작을 위한 한글 문장을 영어의 Pattern 순서로 위치 변경 (한글용)

no	S	V	C or O	O or C	P#
1					
2					
3					
4					
5					
6					
7					
8					
9					
10					
11					
12					
13					
14					

2. 번역을 위한 영어 문장을 Pattern 순서로 분리 및 분석 (영어용 구문분석)

no	S	V	C or O	O or C	P#
1					
2					
3					
4					
5					
6					
7					
8					
9					
10					
11					
12					
13					
14